知財、この人にきく

Vol.1

キヤノン株式会社　顧問／弁理士

丸島 儀一

目次

発明会館

まえがき

「知財、この人にきく」本書の企画を最初に月刊誌「発明」編集部から伺ったのは一昨年の暮れであったと記憶しています。「昨今、資産としての知財の活用がブームであるというが、知財というものの本質をもう一度確認しておくべきではないか、特に、日本の産業競争力強化のカギを握る中小・ベンチャー企業に対して知財の第一人者に語っていただけるような企画はできないか」との提案を受け、すぐに賛同の意を表させていただきました。ものづくりをしている企業と長くお付き合いをしてきた私にとって、知財そのものの流通により金儲けをするという昨今の風潮にはいささかの違和感を感じていたところでもあり、ご提案には我が意を得たりの心境でした。そして、知財の本質という言葉を聞いてすぐに私の脳裏に浮かんだのが丸島儀一先生でした。

丸島先生は、言わずと知れた知財実務そして知財経営の第一人者です。政府が知財立国を標榜する遥か以前から、キヤノンという日本有数のものづくりの企業において知財立社を実現され、最強の特許部隊を構築し、率いてこられました。「知財の第一人者に知財の本質を語っていただくというテーマにこれほどふさわしい人物は他におるまい」それが編集部と私に共通の思いでした。丸島先生からインタビューへのご快諾がいただけたときの喜びはいまだに私の記憶に新鮮に残っています。

しかし、編集部からは困難な役割を与えられました。丸島先生という知財の第一人者をお招きする以上、まずはインタビュアーに徹し、先生に存分に語っていただき、そして、必要に応じてナビゲーターとして舵を切り、状況によってはディベーターとして討論も行うという、単なるインタビュアーではない本来の「聞き手」としての役割を期待されたのでした。もとより私にそのような力量が備わっていないことは十分に承知していましたが、昭和54年に知財の世界に入って以来、微力ではありますが、常にものづくりをする企業の側に立って知財実務の支援をさせていただいてきたという自負もあり、また、知財実務者の直面している問題、苦悩を少なからず共有し、それと向き合ってきた人間として、知財実務の王道を拓き歩まれてきた丸島先生から、実務者の指標となるべき話をお聞きして伝えたいという意欲と気概にかけては、決して人後に落ちるものではないとの自負もあり、編集部の熱意にも押され、熟慮の末にこの困難な「聞き手」を引き受けさせていただくことにしました。

知財制度のあるべき姿が語られることは多いです。しかし、制度のもとで繰り広げられている知財活動の現実は、戦場ともいうべき厳しい事業競争、知財の攻防の中を生きてきた者にしか語れないはずです。本書では、丸島先生に「事業のための知財」「ものづくりに基づく知財経営」という知財の本質を語っていただいています。私の「聞き手」としての仕事が成功しているかどうかは読者の判断に委ねるしかありませんが、先生に語っていただいた知財の本質は、ものづくりをする企業で知財実務に携わるすべての実務者、そして知財経営を目指すすべての経営者の指標になるものと信じています。決して平坦とはいえない本当の知財活動を実践しようとする現在そして将来の読者にとって、本書が拠り所となり励ましともなることを切に祈っています。

最後に、ご多忙にもかかわらず、中小・ベンチャー企業の知財経営のためにインタビューに長時間にわたり応じていただいた丸島儀一先生には衷心より感謝を申し上げます。また、企画の当初から本書の刊行に至るまで、あらゆる手立てを整えてご配慮をいただいた月刊誌「発明」編集長原澤幸伸氏に深く謝意を表します。

平成二〇年三月

有限会社オフィス富岡　代表取締役社長　　富岡　康充

第1章

知財の本質と
中小企業のとるべき道

中小企業の知財

富岡…はじめに「知財の本質と中小企業のとるべき道」というテーマについて、丸島先生にお話をお伺いしたいと思います。よく先生は、ネガティブには「知財部は知財部のための仕事をしてはいけない」また、ポジティブには「技術、事業、知財の三位一体のなかでの協調連携」の必要性をおっしゃっておられます。これらのお考えは中小企業にもそのまま当てはまると思うのですが、まずは中小企業の知財というものに対する先生のお考えをお聞かせ願えればと思います。

丸島…分かりました。実は、中小企業も大企業も知財の基本は同じなのです。何が違うかというと、一言でいうと資金力ですよね。それで、知財というのは本当に勝とうとしたら、勝てるだけのところまで仕事をしないと効果が出ないのです。資金がないからここでやめますというと、結局効果が出なくなってしまう。それが非常にもったいないと私は思うのですね。では、資金がなかったらどうするのか？

後でも述べるでしょうが、他人の力を借りればいいのです。ですから、まずは社長さんが知財の本質をよく理解したうえで、勝つためにどうすればいいかと考えることが基本なのです。

ではなぜ、勝つまでの仕事が大変なのか。ご承知のように特許の本質は実施権※ではなく排他権※ですよね。排他権であるがゆえに、皆さん自分の特許の排他権ばかり考えるけれども、他人の特許の排他権を考えない人が多いじゃないですか。特許を取得してどれだけの効果があるかということは、他人の排他権に影響されているかどうかを、まず確認することが絶対必要です。中小企業の場合、それを十分にやられてない場合があるでしょうね。技術を本当に特許権で守っていこうとしたら、1件の特許だけ取得したとしても、その後、どんどん他人が先に排他権を取ってしまえば、他人に妨害されて、結局自分の目指した技術の実施ができなくなってしまう。そこのところをよく理解して、どうやって勝つのか、どうやってどこにどれだけ力を入れて、自分でできないところは他人の力を借りて、というところを考えなければいけないですね。

資金に限界があるというなら、自力だけじゃできません。もし自力でやれる範囲でということなら、一つは対象をうんと絞ってピンポイントで勝つ、という方向を出す。全面戦争で勝とうとしたら相当資金が要るのですよね。ここの問題が私は一番大きいのかなと思うのですよ※。

いずれにしても、特許があるから勝つのではなくて、もとに技術がなければダメなのです。そして、その技術を守るのが特許であって、その守り方を間違えて守りきれなかったら、結局大事な技術を他人にとられてしまうのです。まずは、こういう特許の本質をちゃんと理解する必要があると思います。

※ **実施権**
実施権とは、特許発明を自ら実施し第三者にも実施させることができる権利のこと。

※ **排他権**
排他権とは、正当な権限がなく特許発明を実施する者に対してその実施をやめさせる権利のこと。

※ 特許出願をして特許権を取得しようとする場合、特許印紙代だけでも出願時、審査請求時、登録時の合計で1件20万円以上になってしまう。弁理士を代理人として出願する場合には、その他に代理手数料が発生する。特許を国内で1件取得する場合、概ね50万円以上の費用がかかるのが一般的のようである。
特許庁へ支払う料金については後掲資料の「産業財産権関係料金一覧（平成19年4月1日以降）」を参照

　また、これは特に中小企業をみていて一番感じるのですが、契約の力が弱い。これは特許権だけでなくノウハウも含めてですが、例えば、どこかの会社とアライアンスを組むとか、あるいは仕事で連携するとか、そのときに必ず契約を締結します。その契約書を読んで、自分が損するのか得するのかという見分け、判断ができないところで結構損をしていると私は思うのです。ですから、中小企業にとってもう一つ大事なのは、契約の理解力と交渉力なのです。この契約を見て何がまずいか、そこを見抜くだけの力がないと契約でいいところを持っていかれてしまうのです。私も正直言って、キヤノンで4人の部隊※で始めた時は、大会社とは契約関係で頻繁に交渉しましたよ。いかに大会社が横暴かと……（笑）。

富岡…先生、すみません。それはキヤノンさんが、大会社じゃなかった時代の話になるんですね？

丸島…そうです。大会社じゃないといっても1000人程度の会社でしたね。下丸子の一角に全員がいて、全員の先輩の顔が分かるような、そんなちっぽけな会社だったですよ。そういう時から知財をやっていて一番悩んだのは、契約なのです。ですから、契約でいかに損しないようにするか、ということがものすごく大事だと分かったのですね。例えば、大会社から共同開発をやりましょうとか、あるいは外注委託を受けたとか、そのときに、その契約の文言を確認してみると、こちらの技術が持っていかれてしまうようになっている。自分の技術を、多少お金をも

※　**四人の部隊**
丸島氏がキヤノン株式会社の技術部特許課に配属された時点での人員は4名であった。

らったとしても、大事な技術を持っていかれるというのはおかしいと、随分と反抗したものです。しかも、技術を持っていかれたうえに、発注は大会社の系列のところに出されて、自分の会社には発注されないとしたら全く先がない。

富岡…全く、先生がおっしゃっている事業のための知財にならないですね。

丸島…そのとおりです。冒頭の「知財のための知財の仕事をするな」というのはまさにそういうことなのです。要するに事業を強くするための知財じゃないですか。私は事業の集合が会社だと思っていますが、一番小さい会社は一事業しかないから事業イコール会社ですよね。だから一事業しかない中小企業だったら、会社を強くするための知財でしょ。事業を強くしないような仕事っていうのは知財でやってはいけない。一時の金のために動いても、先々損するようなことはやってはいけないというのを、理屈ではなく実践体験から学んだのですよ。

事業を強くするための知財

富岡…先生、そうしますと、キヤノンさんが「知的財産法務本部」という知財と法務を合体した組織をつくり上げたというのは、事業を強くするための知財という先生の思いが形になったもの、というふうに理解してよろしいでしょうか。

丸島…私の思いもありましたが、会社自身が知財に頼めば事業部のためを思って仕事をしてくれるという感覚が社内に生まれたからですよ。一般的に法務部門はクールな面がありますよね。法律的に良いか悪いかを判断する。これも大事な仕事なのですが、知財の場合はですね、良い悪いだけではなくて、悪かったら、それを良いようにする方法を考えてあげる。もちろん違法な行為ということではなくて、合法的にそれを良い方向に持っていってあげるところまでサービスするのが知財の仕事。事業を強くしようとすれば、「ダメです」でやめていたら強くはなりません。ダメならそれを良いように変えてあげることこそが知財の一番の役割なのです。これは普通の法務と知財の根本的な違いだと私は思う。事業を強くする、そこにすべて知財の目的があるのですから、そのために知恵を使えと。

　単なる作業じゃありません。知財は知恵を使って事業を強くするための方法を考える、そういう仕事こそが知財の仕事です。私自身もずっとそういう観点でやってきましたし、組織が大きくなってからは部下にもそういう視点で指導してきました。ですから、知財のすべての仕事のモットーというのは「事業を強くするため」なのです。そして、そういう仕事をしたら自ずと社内の雰囲気も「あそこへ頼んだほうがいい」というふうになるんですよ。私のことでいうと、最初は契約も法務だったのですが、結局、技術が関係する仕事は全部私のほうにきてしまった（笑）。契約関係も技術系から始まって、ライセンス契約、それから、技術から発展していった事業契約も、全部きてしまった。

それと、もう一つ大事なのは「一貫性」ですね。一貫性をとおしてずうっとみていないと、やはり成果は出ないですよね。なぜなら、研究開発もそうですし、事業もそうですけど、長期にみたうえで今どのような手を打つか、という判断が必要になるんです。その時、その時の都合で手を打っていても、もう間に合わないのです。だから、長期的にみて、今どうしたらいいかを考えるのも、事業的センスでみないとならないわけです。事業のことも知り、技術も知り、それで、先々のことは知財が責任を持ってやる。言い換えれば、技術の目利き（先読み）と、それから事業の目利き（先読み）と、知財の目利き（先読み）の融合活動ですよ。

そして、知財は逃げるんじゃなくて、責任を持たなきゃダメですよね。技術は技術部門の責任で、しっかりと責任を持ってもらう。事業は事業の責任者にやってもらう。ただ、戦略を立てる時には知財が参画して、私は「知財力」と言っていますが、知財力を考慮したうえで、事業戦略を立てるべきです。そして、事業戦略を立てる時に必ずと言っていいくらい障害となる問題（自社事業に支障となる他社特許）が残るはずですので、その障害となるものを事業化前に取り除いてあげるというのが知財の最大の仕事なのです。

富岡…すると、「知的創造サイクル」、いわゆる研究開発、権利取得、活用、この三段階での一貫性、一気通貫とでもいいますか、そういったものが必要になってくるのですね。

丸島…そうです。それはなぜかというと、事業というのは研究開発から始まって、商品開発、それから生産、販売、サービス、という流れがあり、循環しているわけです。そして、事業を強くするには、その前提として事業のことを知る。その事業の全サイクルを知らなければいけない。どこにどういう権利を取れば事業を強くすることになるか。権利を取るということは言い換えれば参入障壁をつくるという意味ですよね。そして、誰に対する参入障壁かというと、同業に対する意識はみんな黙っていても持つものですが、事業参入というのは同業ばかりとは限りません。その事業サイクルの中でどういう会社が参入してくるか分かりません。そういうことを意識して最初から権利化しなければ、結局事業を強くできないのです。そのためには、ワンサイクルを担当させることが必要なのです。だから権利化の業務だけじゃなくて、契約のこともやりますよ、訴訟もやりますよ、そういうことすべてを担当することによって、どういう権利を取得したらいいかということの知恵が出せるのですよね。

それをもし、一部しか仕事をしてないとすると、その範囲のことしか考えない。これではいい権利を取れない。同じ発明でもですね、全サイクルを知ったうえで、権利の取り方を変える必要があるわけです。例えば、自分がセット事業だと仮定して、自社の全サイクルを意識していれば、同業であるセット事業者の参入だけでなく、部品を提供したサービスで参入してくる人がいるかもしれないと想定ができるわけです。こういう事業者に対しては、部品の特許を取っていなかったら直接侵害※を主張できないじゃないですか。だから同じ発明でも、部品単位でどうやって特許を取るかということを考えなければならない。そういうことまで考えて、最初にどういう特許を取るかということを決めなければならない。これはやはり全サイクルを理解していないとできないことなのですよ。

富岡…まさに事業というものの見方が必要になってくるわけですね。

丸島…そうです、本当にそうです。しかも、別に事業を経営するのではないのですからね。事業を理解すればいいのです。これはやろうと思ったらできるのですよ。技術だって自分で創造するのではなくて、理解すればいいのです。理解する程度なら、誰だってやろうと思ったらできるはずです。できないとすれば、ただそういう意欲と意識がないからですよ。だから、そういう意識を持たせて意欲を持て

※　直接侵害

通常の特許権侵害、すなわち正当な権限なく特許発明の技術的範囲に含まれる発明を実施することを「直接侵害」といい、直接侵害ではないが直接侵害の準備的行為や幇助的行為のうち侵害を誘発する蓋然性の極めて高い一定の行為は「間接侵害」として侵害行為とみなされている（特許法第一〇一条）。例えば製品Ａの構成を特許発明とする特許権Ａを有している場合、製品Ａの一部を構成する部品Ｂを製造する行為は特許権Ａの直接侵害には該当しない。しかし、部品Ｂの製造が、製品Ａを製造する目的以外では行われる余地のない行為である場合には、部品Ｂの製造は特許権Ａの間接侵害であるとされる。間接侵害の立証には直接侵害の立証以上の困難が伴うため、本文で述べられているように、端的に直接侵害が主張できるように部品Ｂについても特許を取得することが必要になる場合がある。

ば、誰だってできるだろうと……。私だってできたのですから（笑）。

富岡…先生が「私だって」とおっしゃるのはともかくといたしまして、意識と意欲の問題という点はよく理解できます。そうしますと、今の、その一貫性のお話というのは、例えば大企業と中小企業に分けてみた場合、大企業以上に中小企業のほうが一貫性を実現できるのではないかと……。

丸島…そうです、そのとおりです。中小企業のほうがものすごく向いているのですよ。中小企業の強みというのは、個人個人が全体を分かっているということですよ。ベンチャーだともっと分かっている。だから組織が小さい強みというのは、全貌が分かっていることなのです。全貌が分かったうえであれば、どういう手を打つべきか、適切な手を打ちやすいのです。

一方、大企業になると、みんな一部しか担当しない。開発でもそうですよね。全貌が分からないで部分をやっている場合が多いのです。これはものすごく弱点なのですよ。だから、大企業は強いとみんな思っているけれども、必ずしもそうではない。

富岡…そうしますと、大企業においては、先程の知的創造サイクルの研究開発、権利取得、活用というこの3つのステージを全部把握するというのは、マネージャークラスはともかく、担当者レベルでは基本的にあり得ないと。

丸島…いや、不可能だといっているのではありません。現に私はキヤノンにおいてそのようにやらせてきましたから。もちろん、担当者が各ステージのメインプレーヤーにはなりません。例えば、技術単位で知財の担当を決めるということは、その技術が関係する案件、もちろん権利化のところが一番主体になりますけれど、ライセンスするときには契約のグループと一緒になってやらせますし、訴訟になったら、やはり訴訟の担当者と一緒になってやらせます。もちろんその契約とか訴訟とか交渉においては、それぞれメインの担当者がいますけれども、権利形成の担当者も一緒になって参画する、相互に連携することによって、大企業においても全サイクルに関与させることはできるのです。

知財は知的創造サイクルの中核

富岡…なるほど。それが先生のおっしゃっている「ＣＩＰＯ※」の資質の三要素、①知財は事業の観点でみる、②知的創造サイクルのすべてに対応力を持つ、③知的創造サイクルの核になる、の３つ目の核になるという立場につながってくるのですね。

丸島…そうです。この立場がとれるのは、知財なのですよ。技術が分かり、事業を理解し、知的財産も分かったうえで会社の力を知的財産で強くしていこう、という役割を演じることができるのは知財しかないのです。もし知財がしっかりしなかったらバラバラになってしまう。バラバラでは力が出ない。技術は技術独立、事業は事業で、知財は知財で、ここの融合というか連携がなかったら、力なんて生まれるわけがない。この点、先程述べたように、小さい組織というのは、事業が１つ２つあったとしても、みんなが全貌を知っているかもしれない。ところが大企業というのは、事業がたくさんあるわけです。そして事業間のことは閉鎖的で、連携がとれない場合が多い。そうすると、それを横の連携で全部みてあげられるような活動というのは知財しかできないのですよ。

その活動をやらない限り、全社的な戦略はとれないじゃないですか。ところが

※　ＣＩＰＯ
Chief Intellectual Property Officer＝最高知財責任者のこと
「知的財産推進計画２００７」でも、企業において、経営トップ自ら知財戦略のリーダーシップを発揮するとともに、知財部門の責任者を経営の中枢に据えて、特許、意匠、ノウハウ、ブランド、コンテンツ等の知財戦略を統一的な見地から策定・実行することにより、知財を有効に活用した経営を強力に推進していくよう促すべく、企業における最高知財責任者（ＣＩＰＯ）や知財担当役員の設置が奨励されている。

最近大会社では、カンパニーとか、事業部に知財組織を貼り付けてしまっているのが見受けられますが、この場合、そのカンパニーなり、事業部の最適化にはいいのかもしれないですけど、全部をまとめて全社的な戦略を立てる人がいなくなっている。

しかし、全社的な戦略は絶対必要なのです。例えば、外国の会社と交渉するときには、カンパニー単位じゃなくてコーポレート対コーポレートですよね。そうすると、コーポレートの内情を全部知って戦略を立てられる人が交渉するのならいいけれど、カンパニーのことしか知らない人がそのカンパニーの事情で交渉に行ってもまともな交渉はできない。相手からコーポレート単位でといわれて、にわか勉強で交渉に行ったとしても、にわか勉強ほど交渉において弱いものはない。ですから、普段からコーポレート単位の戦略がとれるように、自分の強み弱み、相手の強み弱み、これらをちゃんと認識していないと、いざ交渉という時に効果が出せないのですよ。

事業というのは一人相撲ではなく、相手がいることです。勝つということは相手に勝つということなのです。相手に勝つためには、自分の知的財産だけを評価していたのでは絶対ダメなのです。相手より勝らない限り勝てないということは、要するに、相対的に自分が強くならなくてはいけないということです。相対的に強くなるためには、いつも相手のことも知らなければならないし、自分のことも知らなければならない。普段からそういう仕事をしていれば、先程申し上げた、事業で障害になるようなものをタイムリーに片付けてあげるという仕事ができるようになるのです。

例えば、普段から相手の弱み（自社特許の侵害事実など）をつかまえておき、それを蓄積しておいてですね、いざという時に自分の弱み（他社特許の侵害事実など）を消すために活用するのです。それが事業を強くするということであって、相手の弱みにすぐ付け込んでお金だけ稼いでこいというのではですね、一時の収入にはなるのですが、事業の強みにはならないのです。

仮に一時の収入には貢献できても、継続性を持った会社の発展にはつながらない。事業を守らず目先の一時の収入を求め、結果として事業から嫌われてしまう知財はですね、会社の仕事をしてないのです。私はそう思います。知財が事業から好かれる仕事をして初めて事業は強くなるのであって、事業に相反して知財が一人歩きしていたら、絶対に会社への貢献なんかできないです。

富岡…先生がおっしゃる「目立つ知財」の弊害ですね。

丸島…そう。そんなことをやりたいのだったら、私はもっと楽な仕事ができましたよ（笑）。事業を無視して、一時のお金だけ稼ぐということならもっと稼げますよ。簡単じゃないですか。でもそうではない。事業を強くするため、というのが知財の仕事の本質であって、お金が入ってきたとしても、それは付録にすぎません。

富岡…「結果」なんですね。「目的」ではないと。

丸島…目的じゃないです。お金が入ってくるのがいけないというのではありませんが、お金をとるのが目的ですべての行動をしていたら、これでは事業は強くならないです。それは間違いないと思います。ところが最近は、成果主義の悪い点かもしれないけれど、部門の成果を早く出そうとして、収入を増やして、支出を減らす、こればかりに焦点を当てて動いている。もう少し長期にみて、会社そのもの、事業そのものが強くなるように、今どう手を打てばいいのか、という視点で仕事をするのが、本当の知財の仕事だと私は思っています。

富岡…先生のお話を伺っていると、まさに事業も育てるもの、知財も育てるもの、「育てる」というのが一つのキーポイントになってくるように思います。育てるものであるがゆえに、一時の成果だけを求めるようなことはしないと。

知財の貢献度と二つの参入障壁

富岡…では、知財活動の成果、事業に対する知財の貢献度というものはどう考えたらよいでしょうか。

丸島…事業が成功するということは、知財の貢献があったから成功するのだと私は思っています。グローバルで事業を展開しようとしたらですね、知財の問題抜きにして事業はできません。誰かがやはり予防法的にちゃんと処理して、障害が起きないように仕事をしていない限り、絶対に成功はないのです。だから事業が成功しているということは、知財の貢献があったということです。言い換えれば、事業が成功していないで知財の成功というのはないのですよね。

特許を取るときも、これは何のために使うのだという目的意識を持たなければなりません。だから、件数の問題ではなくて、意識の問題なのです。これは何に活用するために取っているのだと、その意識を持って最初から取り掛かるというのが非常に大事だと思うのです。それなのにですね、あまり件数を出すなというと、これはまたおかしな話になってしまう（笑）。件数を出さなくてよいというのは、事業をやらない人に対しては正しいのです。例えば、大学の先生が基本の特許を1件取って、排他権を行使して、ロイヤルティーをもらう。これは成り立つと思います。しかし、事業をする立場からいうと、基本の発明であればあるほど、事業化に向かってはもっといろんな周りの開発をしていかなかったら事業にならないのです。それを怠っていたら、みんな他人が先に技術開発をして周辺特許や改良特許を取ってしまいますよね。だから大学の先生の発明で、特許を1件しか取ってなかったら、それでTT※を受けました、基本の発明の特許権だけライセンスを受けましたといってもですね、おっかなくて事業はできないですよ。これが特許の世界では一番怖いことです。だからいい発明が出れば出るほど、事業化のため、それを他人に妨害されないように、自分で権利を取り続けていくことが絶対に必要なのです。それができなかったら勝てない。

富岡…それはその、基本特許の周りにバリアーとしての、例えば特許のポートフォリオといわれている、その戦略ですね。

丸島…そうです。二通りあって、自分の実施する技術の参入障壁をつくる、もう一つは、自分の事業の参入障壁をつくる。この両方なのですね。事業の参入障壁というのは自分で使わない技術です。代替技術で入ってくる人までも抑えなければいけないのですよね。

鉛筆のやさしい例で説明すると、丸い鉛筆しかないと想像してください。この鉛筆の欠点はコロコロ転がることですよね。それで会社としては、転がらない鉛筆を開発しろと、そういう事業をやりたいと社長が言ったとするじゃないですか。

※　TT　Technological Transfer＝技術移転のこと。

それで開発者がいろいろ考えて、まず三角にしました。すると転がらなかった。それでは、それで特許を出そう。また、四角にしたらもっと手触りがよかった。それも特許を出そう。六角にしたらもっとよかった。それも特許を出そう。こういう個別に特許を出していくやり方では、いく通りも方法があるじゃないですか。そこで、断面形状から見て転がらない技術思想とは何だろうかと考える。一番広い権利を取るためには、どうしたらいいかと。思想化の考え方をしないと、技術の参入障壁というのはできないわけですよ。いま、角ばかり出てきたけれど、断面形状で楕円にしたらどうなるのだろう。これも転がらないですよね。そこまでを考えて、断面形状から見た権利の取り方を考える。こういう考え方で技術の参入障壁をつくるのです。

そして、その会社が断面形状の観点で転がらない鉛筆を事業化すると、今度はライバル会社はですね、断面形状は丸のままで転がらない方法を考えますよね。重心をずらせばいいじゃないですか。要するに視点を変えて、転がらない方法があるじゃないですか。ここまで抑えておかないと、事業への参入を許すことになるのですよ。自分が実施するのは断面形状から転がらない技術ですけれども、ライバル会社が参入してくる代替技術まで特許を取ることができれば、事業への参入を防ぐことができる。だから、技術参入を防ぐと同時に、事業参入を防ぐ特許も取る。これが結局は事業を強くすることになるのです。

知財は源流に入れ

富岡…いまおっしゃっていただいたようなアイデアは、多分、その技術を創出しようとする技術部門からは出てこないと思うんですよね。まさに、特許的な観点で、その活用の先を見越した知財の担当者が、「じゃあ、これはどうなの？」「これをやったら誰かまねしてくるかもしれない、抜け道があるかもしれない……。」そういったことを技術部門とコミュニケーションをとることで、また大きな技術になる。そういうことでよろしいでしょうか。

丸島…そうです。「知財は源流に入れ」というのはそういう意味です。発明が生まれるところに知財が入れば、技術部門は知財の考えを応援できるじゃないですか。じゃあ、そういうことだったら、こういうふうにできる、ああいうふうにできると。最初の発明が生まれるところのこの連携が非常に大事なのですよ。先願主義のもとで早く出願したいのは分かるけれども、最初にそういう権利化の戦略を立てるということが一番大事なのですね。そこを失敗してしまうと、すぐ公開になったり、あるいは出願した後に論文を書いたりした結果、第三者がズカズカッと入ってきますよ。そして、せっかくいい技術を開発したのに、事業ではやられてしまったという結果にもなりかねない。だから、「先行しても油断するな」ちょっと油断したら事業化を妨害される。「後手をとっても卑下するな」先回りすればいくらでも互角になる、いや、もっと強くなるかもしれない。それが特許の世界なのですよ。

富岡…いま先生のおっしゃった内容は、例えば、技術から発明提案が出てきた際に、それをどのように知財がピックアップするか、そのスタンスにもかかわってくる話ですよね。

丸島…そのとおりです。だから、発明者が出した提案書類をそのまま文章にして特許を出しているようでは、本当の意味での戦略的な権利化とはいえません。

「て、に、を、は」を直して私はチェックをしていますといっても、それは本質の問題ではありません。一度出来上がってしまった明細書のチェックはできないのですよ。本当のチェックはですね。書く前に戦略的なことは考えられてないといけないのです。

富岡…概念化をちゃんとしないといけないということですね。

丸島…そうです。それはやはり源流でやらないとできないじゃないですか。

富岡…それに関連して、キヤノンさんの知財システムのなかにリエゾンマンという存在がありますよね。そのリエゾンマンの位置付けと、知財が源流にというところはどういうふうに関係してくるのでしょうか。

丸島…今は、リエゾン専門というのはなくなって、私がある時期に全部知財に統合しました。昔のリエゾンというのは、開発部門内と知財との結び付き、インターフェースですよ。知財の人は主に外に対する仕事なのですよね。例えば特許庁とか、他社との交渉とか、特許事務所とか、全部ですね。それと同時に、発明者とのコンタクトが必要なわけですが、これは、いま言ったような戦略性をもって権利化するという視点では、知財部員がやっていたのです。それで、情報をその部門に提供するとか、あるいは全体にどういう技術方向でやっていて、何が必要かということについて、社内的な検討をするのがリエゾンなのです。それを知財とコミュニケーションとりながらやっているということですよね。でも一番戦略性をもって、権利化するとか、活用するとか、というのは知財の仕事というふうに一応は分かれていたのです。

しかし、そもそも分ける必要はないということで、皆一つにして、今は統合されているはずなのです。やはり一人の人がリエゾン機能も果たしながら、戦略的な権利化なり、その知財本来の仕事もすると。同じ人がやるのが一番いいのですよ。組織が大きくなって一人で全部できないなら、それをどうやって、その方向に近づけるかというのが大事になってくるのです。そういう点では、中小企業は非常に有利なのですよ。

中小企業の強み

富岡…いやがおうでも一貫性が実現されると（笑）。

丸島…そのとおりです（笑）。全部分かりますし。そういう面では、全く有利なのですよ。だから不利なのは、小さいから弱いと思い込んでいること。そして、資金がないから負けると思い込んでいることなのです。私も、米国のベンチャーと随分付き合ったのですが、このベンチャーの社長というのが、経営感覚もすごいですけど、技術と知財のことをよく知っている。契約ひとつとっても、もう社長自身がちゃんと見通しますからね。だから、日本のベンチャーにしろ、中小の社長さんも、あの米国のベンチャーの社長ぐらいに技術と知財のことを知っていれば、弱いことはないのです。

富岡…まさに、その中小企業の社長が事業を体現している人なんですよね。

丸島…そうです。だから、三位一体活動を一人で全部やっているのです（笑）。これほど強いものはないのです。だから日本の中小企業の社長さんもそうなっていただきたい。自分でできないのだったら、そういうことのできる参謀を横に置けばいい。三位一体を一人でやれれば一番いいのですが、会社が大きくなったら、いつまでも一人ではやっていられないから、やはり参謀が必要になると思いますよ。

小さいからみんな大会社にやられると思ってしまう。それもあながち嘘ではないのかもしれませんけれど、しかし、なぜやられてしまうのかを考えると、先程述べた本質的なところをちゃんと理解して、それを守ろうとしないからです。だから知財の本質を理解して、守るべきところは守る。これを徹底しない限り絶対に勝てないですよね。守るべきところはちゃんと守るだけの行動をするということが、絶対に必要なのです。それをやらないということは、強みを持っていながら強みを失くしてしまっているのですよ。

富岡…知財が技術をしっかり守れば、大企業に対して中小企業が自分の存在価値を十分に示すことができるわけですね。

丸島…そういうことです。例えば大企業と中小企業の交渉において、分かっている人がみれば、大企業が無理を承知で要求していることも多いわけです。それを、みすみす見過ごして通れば、大企業は「しめ、しめ」です。でも、ちゃんとそれなりのポイントで中小企業が反論してくれれば、「なかなかやるじゃないか」というスタンスで今度は付き合ってくるでしょう。そうすると、まともなレベルで交渉ができるじゃないですか。でもそのとき、一番強いのはいい技術を持っているということなのですよ。だから、いい技術を持っていれば弱くはない。むしろ、強い。少なくともいい技術を持っているということを前提とすれば、弱いことは何もないのです。要は知恵なのですよ。もう、それだけです。

中小企業でいい技術を持っていながら負ける、とられてしまう、と思っている人は、知財の本質への理解と知恵が足りないと言わざるを得ない。私はそう思っています。

富岡…知恵をつけるという点では、最低一回は何か痛い思いをしていないと、知恵をつけようというインセンティブが沸かないとよくいわれますが、それはどうなんでしょうか。

丸島…確かによくそういうことを聞きますけど、私は「そうさせてはいけない」と思ったのです。失敗もいいではないかとおっしゃる方も多いですけど、それは結果としてしょうがないことなのですよね。失敗しないで分かってもらえば一番いいじゃないですか。だから、私は失敗しないで分かってもらおうと、そういうスタンスでやってきましたよ。

富岡…それが知恵なわけですね。

丸島…それが知恵ですよ。失敗しないと分からないというのは、それは、社内に対する認識のさせ方が悪いのであって、失敗しなくても分かってもらうようにもっていかないといけないでしょ。そう考えていても失敗はしてしまうものなのですよね。小さい失敗はありますよ。だからそれをまたバネにして、二度と失敗はしないぞ、ということでそれを乗り越えるだけの知恵を自分でつけていく。これが大事です。私だって、大筋においてはちゃんと貢献したと自負していますけど、小さな失敗は随分していますよ。でもその小さい失敗を軽視しないで、なぜ失敗したかということを反省しつつ、次にはそうならないようにと思っていることが大事だと思います。

富岡…経験を積むという点で一つポイントになると思うんですけれども、例えば、丸島先生がおられたキヤノンさんのような大きな企業と小さい企業とを比べると、中小企業の場合には、まさにその経験の機会が少ないのではないか……。

例えば、権利行使する場面にしてもされる場面にしても、経験によって知識を蓄え、発展させる。そういうチャンスはやはり大企業のほうが多いですよね。そうするとやはり、中小企業の立場でいえば、シミュレーション的なものを繰り返して、知恵をつけていく努力をすることが必要になってくるのでしょうか。

丸島…そうですね。自分で経験しなかったら知恵がつかないか。必ずしもそうではない。よその事件を検討して、こういうことでこうなったな。だったら自分はそうしないようにしよう。これは自分で経験しなくても、他人の経験をみて、自分に取り込むことができるはずです。

富岡…疑似体験ができますよね。

丸島…それはもう、やらなければならないですよね。全部が経験できるというチャンスはないですから。だから、基本さえ分かっていれば、そういうものをみてすぐに自分のものとして取り込めるんです。それで自分の力をつけていくというのは、日々の努力だと私は思います。だから必ずしも自分自身が実際の経験をしなくても、具体的な他人の事件を勉強することによって自分のものにできますよ※。

富岡…自分のものにする知恵というのは、先生がよくおっしゃっている「攻めの知財と守りの知財」それぞれ両方でいえるのでしょうか。

丸島…そうです、両方ですね。私はそう思います。攻めと守りがなかったら勝てないですよ。どちらかだけでは絶対に勝てない。だから、攻めと守りというのはバランスよくやっていかないとならない。

富岡…その点は大企業も中小企業も同じですか。

丸島…同じです。大企業と中小企業の本質的な違いは何かというと、特にベンチャーを例にとれば一番いいのですけど、ベンチャーは失うものが少ないと考えればいいのですよ。負けても事業が小さいから、損失が少ない。ということは、攻撃的なアクションがとりやすいのです。ところが大企業の場合はですね、大きな事業を抱えているわけですから、訴訟で解決するという戦略をとったとしたらですね、ひとたび負けたときの被害は大きいのです。しかも訴訟ほど予見性がないものはない。さらに、知的財産の相対力と先程申し上げましたけど、相対力というのは訴訟になったら効かないわけですよね。

例えば、大企業100件対、中小企業1件の特許でも、大企業がその1件の特許を使っていればですね、1件で訴訟を起こされれば、損害賠償は相当払わなけ

※ 知的財産の裁判例は、裁判所ホームページの判決検索システムを利用すると簡易に入手できる。
http://www.courts.go.jp/

ればならない。自分が１００件持っていても、相手の事業が小さければ損害賠償はほとんどとれない。だからいざという時に腹をくれればですね、「じゃあ、訴訟をやりましょうか」といったときに一番怖いのは大きな事業を持っているほうですよ。だから知財面では、事業が大きいというのは弱いのです。ほかの面では強いかもしれないけれど。だからその弱さをいかに攻撃されないように、普段から守ってあげるかと。これが大企業における予防法なのです。

ですから、ベンチャーや中小は、予防よりむしろ攻める視点から、相手の弱点を攻めて、自分の弱み、弱みというのは例えば資金力がないとか、人材もいないとか、そういうものについて相手の力を借りるようなアライアンスを組んでいけばいいじゃないですか。だから、自力でできるなら自力でいくし、自力でできなかったら、相手の力を借りるようなアライアンスに知恵を使ったらどうですか。必ずしも全部自分でやる必要はないじゃないですか。アライアンスを組んだら負けてしまう、という考えを持っている人もいるけれど、これも間違いですよ。互角にアライアンスを組めばいいじゃないですか。もっと言えば、互角以上の立場でアライアンスだって組めるのですよ。いい技術さえ持っていればですね。

交渉力と契約力

富岡…その互角以上のアライアンスを実現するのが、先程先生がおっしゃった契約というこ とになるのですね。そのアライアンスに対していかに有利に交渉を進め、契約ができるかというのがひとつポイントになってくるわけですね。

丸島…そうです。交渉力と契約力ですよ。これは何も荒々しくやれということではなくて、内容をちゃんと理解して、損得が見分けられて、少なくとも自分は損しない、という線で仕事をしない限り勝てないのです。よく、交渉も契約も「Win—Win」とおっしゃるじゃないですか。

「Win—Win」の精神は尊重しますけれども、相手が何を狙っているか分からないのに、「Win—Win」というのはあり得ますか?

富岡…はい、論理的にあり得ません。

丸島…ないでしょ（笑）。普通の知財の交渉というのは、相手の狙っているものが分からないのです。そして、自分の狙っているものも相手に分からせてはいけない。そういう状態で交渉しているのですね。ですから、「Win—Win」というのは理屈のうえではあり得ないのです。少なくとも自分が損しない妥協をしましょうと。

富岡…ソフトランディングというか着地点としてはですね。

丸島…そう、着地点はね。訴訟をやらないで話し合いで解決するというのは、とくに大企業の場合は必要です。恐らく中小企業でも同じですよね。

富岡…同じです。資金力がないから余計ですね。

丸島…そうそう。いざという時、やるぞという姿勢は大事だけれど、本当だったら話し合いで解決したほうが余程効率的なのですよね。その時は、損しない妥協というのが必要なのです。だから、相手の立場でものをみるというのは非常に大事なのですね。そのうえで自分が損しない妥協点を見いだしてあげる。その結果、契約が成立したとしても、本当に「Ｗｉｎ－Ｗｉｎ」かどうかは分かりませんよ。なぜなら、お互いに狙っているものが分からないわけですから。

ここが面白いところで、いま、裁判所などでは、例えば包括クロスのライセンス契約は経営者同士の契約だからお互いに価値観が同じとみる、といっているじゃないですか※。

これは、そう言わざるを得ないからいっているのであって、実際は相手が何を狙っているのか分からないのですから。経営者同士が結んだといっても、イーブンとは限りません。その後、両者の事業計画にもみんな影響するのですからね。その時の状態じゃなくて先をみて契約をしているのですから。契約ができてから、バッと事業やるわけですから。そこまでは読めないですよ。

※　職務発明対価請求訴訟の東京地裁平成19年1月30日判決（平成15（ワ）２３９８１号）は、「合理的な取引を行うことが期待されている営利企業同士の契約である以上、特段の事情が認められない限り、相互に実施料の支払を生じさせない無償包括クロスライセンス契約においては、相互に支払うべき実施料の総額が均衡すると考えて契約を締結したと考えるのが合理的である」としている。東京地裁平成18年6月8日判決（平成15年（ワ）第２９８５０号）も同旨

富岡…その契約ができた時の状況で、裁判所はどうしても判断せざるを得ないと。

丸島…そうなのですね。だから、両者がいいと思って契約したのだから、両方が同じ価値ですよねと。ところが現実はそうではなくて、先のためにいま契約している。そして、先で何をやろうとしているのかはお互いみえない。だから、相手は先に何を考えているかということを見通す力が相当影響してくるのです。だから、先をみるのですよ。黙っていてもどっちに技術がいくか、商品のトレンドはどうか、これだって大事なことです。しかも、相手が何を考えていま交渉をしているのかというその先ですね。相手の会社の先の狙いというのを見通す力、これは交渉の時にすごく大事なのです。

これは現実の交渉テクニックですが、相手がどこを狙っているなと察しがついたら、そこをちょっと契約対象から外すような話をする。途端に相手の顔色が変わったりすると、「あっ、ここを狙っているんだな」というのが分かりますし、だから、交渉テクニックがまずいとですね、分かっちゃうのですよ（笑）。自分が一番もらいたい技術を、相手が「これはクロスから除きましょうよ」と言ったとき、こちらが「それは困った」という顔をしてしまったらもう負けですからね。

富岡…そうか、これが欲しいのか、と。

丸島…そう。だから、そういう顔をしないで、これをまた含めるような交渉をしなければならないですよね。そのためには相手がもっと困るようなものをクロスから除きましょうか、と言って相手の反応をみる。それに対して、相手が「まずいな」と思っていそうだったら、これをどんどん除く方向の話をする。そして最後に、「これではお互い困るでしょ」ということで自分がもらいたい技術も再び含めてしまうような、これも交渉力なのですよね。だから、お互い何を狙っているのか、表向きは分からないのですけど、交渉していると分かる場合もあるのです。ですから、契約力と交渉力が大事で、さらに交渉力の結果を契約に反映させなければいけない。この連動がものすごく大事で、会社によっては、交渉は知財がやって、契約は別の部署がやるという場合がありますよね。こういう会社との交渉だったら「しめた！」と思います。交渉で負けても契約で挽回できるじゃないですか。だから、交渉と契約というのは、連携してないとダメですよね。

富岡…まさに先生のおっしゃる攻めの知財と守りの知財がそこに体現されていることになるわけですね。

丸島…そういうことです。だから、知財部門というのは、権利化業務だけではなくて、契約、交渉まで一緒にやったほうが私はいいと思います。中小企業だったらそれを全部できるじゃないですか。

質のいい特許とは

富岡…ここまでのお話を振り返ってみますと、事業を守るための知財という観点からは、ある程度の出願件数というのは避けられないということがよく分かります。そのために、資金力に問題がある中小企業については、しっかりと知財が契約力を発揮したうえで大企業と不利のないアライアンスを組めばよい、など具体的なご提案もいただきました。

丸島…今の特許庁長官※に最初にお会いした時にですね、「いま迅速化法案とは言っているけれど、件数を減らせとは言っていない」とおっしゃっていました。やはり、目的をはっきりさせて戦略的に出願してほしい、ということだと思うのですよ。

何の戦略もなく、ただ闇雲に出願する。これはよくないです。効率が悪いし、お金がかかるばかりです。私もそれを勧めているのではありません。そうではなくて、この出願はこういう目的で出すのだと目的を明確にして、目的を達成する程度までは、やはり出願し続けないと効果を生まないのです。それを途中であきらめてしまったら、目的の達成はできません。

違う観点からいうと、質のいい特許とは何か。よく学者や専門家などは、「裁判に堪え得る特許」ということをおっしゃる。しかし、裁判に堪えられる特許な

※ 特許庁長官
中島 誠 氏（当時）

どあるのでしょうか。すなわち、特許庁がいくら一生懸命審査して特許性をみていただいても、特許庁にあるデータベースでしか現実には審査されてないわけです。しかし法律的にいえば、世界中の先行技術が対象になるのですよ。むしろ私は、質のいい特許というのは「目的を達成できる特許」だと思っています。これは1件とは限らないということなのです。目的を達成することこそが大事なので、目的を達成するまで特許を取ることを認めてくれないと、いくら知的財産経営で強くなれといわれても、本当に強くなることはできないじゃないですか。だから、強くなれというなら、強くなるために少なくとも必要な特許は出さなかったら強くなれないのです。これを否定するのは完全に間違いだと私は思っていますので堂々と言っておりますが、質というのは目的を達成することなのですよ。

富岡…そうすると、実際の中小企業の知財実務を考えますと、まずそもそも目的をどうやって見いだすのか、というところからの検討が必要になってくる会社も多いと思うのです。目的というのはいかに事業で勝つのかという観点から設定すべきことはよく分かるのですが……。

丸島…そのとおりです。まず、事業を勝つためにどの技術によって勝つのか、勝つ前提をはっきりさせる。うちの会社では、この事業はこの技術とこの技術で優位性を持つのだと決めたら、先程も申したように、その技術については徹底的に参入障壁をつくる。ですから、参入障壁ができるまでの権利化活動をするというのが最低条件でしょう。しかも、特許権は有限じゃないですか。ところがその技術を事業化するのにどのくらい時間がかかるかと。

例えば、ノーベル賞級の発明のように事業化まで20年以上時間がかかったとしたら、1件しか出してなかったら事業化のころには特許が消滅しているじゃないですか。それから事業をやったとしても、何で勝てるのですか？ その意味で、技術の延命策が必要になるのです。

ですから、1件の排他権としては狭いものしか取れないけれど、束としては、同じくらいの広い排他権を持つような、そういう意識で権利化していくことが大事なのですよ。そのことによって技術の参入障壁を築くことができる。ここまでやらない限り、継続性のある強みなんて維持できないですよ。一時は強かったけど、事業化したらとたんにババーッと参入されて、一遍に負けてしまいますよね。これでは何のために今まで努力してきたのか、努力の甲斐がない。

もう一つは延命策です。継続的に事業を強くするためにはどうしたらいいか、ということを考えて出願をしていく。そうすると、これで勝つという技術を明確にすることがまず必要です。明確にしたら、あとはそれを継続的に強くするのは知財の役割です。すなわち、これで勝つと決めるのは技術の責任者であり事業の責任者なのです。その技術を今度は参入障壁をずっと築いて守ってやろうというのが知財の役割じゃないですか。そうすると、知財は技術開発もこういう技術開発をしてほしいということを要請しなければならない。

富岡…逆にフィードバックをかけなきゃいけない。

丸島…そうなのです。その辺までのことも知財がやらなければならないのですよね。そうすることによって、延命になるのです。いま事業部門だとコストダウンばかりがいわれて1円でもコストダウンしようと開発でやっているじゃないですか。でも、知財が取れないような開発をしていたら、一時のコストダウンにはなったとしても、結果的にはコストアップになるのです。要するに事業参入を許してしまうのだから。

そうではなくて、一時の開発で多少コストアップしてでも、事業参入を防ぐことによりトータルでコストダウンをしなければならない。そういう発想を持たなければ勝てないですよ。ですから、それぞれの部門の役割としては、開発は開発でコストダウンをしなさい、これは大事なことなのですが、もう一方では、事業を通して勝つために開発は何をすべきか、という観点を持った人がいないと勝つことはできないですね。コストアップの開発をしろというのですからね、普通は初めからは理解されませんよ。しかし、説得して納得してくれれば「なるほど、じゃあそういう開発をやろう」ということになるのですよ。

富岡…まさに、先生のおっしゃっていることは特許の本質だと思います。技術が出て、それを将来に向けて保護しますよというのが特許制度ですから、まさに未来を見

越した、見通したものがなければそもそも価値がない、そういうことですよね。

丸島…そのとおりです。だから、基本の発明であればあるほど、将来に向けて、その立場を築くというのは大変なのですよ。例えば、トランジスタの原理を発明しました。原理だけで事業になりますか？　そして誰かほかの人にトランジスタの基本回路の特許を取られましたと……。そうしたらもう互角じゃないですか。

富岡…互角どころか、もしかしたらアプリケーションとしてのその部分のほうがマーケットが大きいかもしれない。

丸島…大きいですよ。しかも研究開発費もあまり使っていない。原理の発明をした人というのは、お金ばかり使って結局事業化できないわけですよね。ですから、基本の発明だけ取ってもダメじゃないですか。では、どれだけ取ればいいのかというと、そういう参入を防げる程度まではやらなければならないのです。それは自分でできなかったら他人にやってもらってでも守るということがその技術を守るためには絶対必要なのです。例えば中小企業の立場でお金がないといったら、いま、経産省がつくってくれたＬＬＰ※というのがあるじゃないですか。あれは、仕組みのうえではそういうのに便利なようにできているわけですよね。出資比率に関係なく、配分をもらえるようになっている。要するに、他人の力を借りてでも、とにかく目的を達成するまで仕事をしなかったら成果は出ないですよ。

富岡…先生の今おっしゃっている内容を私なりに理解すると、例えば、大学との共同

※　ＬＬＰ
Limited Liability Partnership ＝有限責任事業組合のこと。
①有限責任制
②内部自治原則（損益や権限の配分は自由。監視機関の設置が不要）
③構成員課税
という3つの特徴を持った事業体。出資者の労務や知的財産、ノウハウの提供などを反映して、出資比率と異なる利益配分を行うことができる。わが国では2005年4月27日に「有限責任事業組合契約に関する法律」（ＬＬＰ法）が成立。同年8月1日より施行され、有限責任事業組合の設立が可能になった。

開発のときの役割分担というところの位置付けにもかかわってくるわけですね。

丸島…全くそのとおりです。それが一番大事ですよ。極端な言い方かもしれませんが、大学のＴＬＯ※の方も一生懸命努力されているけど、出願戦略をとるといっても、結局予算と人員の関係で十分やれないじゃないですか。やれないから仕方ないといって、ある程度でとどめていたら、いくら技術が優れていても、企業側にしたらＴＴを受けようにもおっかなくて受けられないですよ。ですから極端に言うと、知財の仕事は企業に任せて、むしろ大学の知財本部の人はもっと頭を使って契約で仕事をする、大学の先生は研究に没頭する、という役割分担が必要なのです。一番事業化に大事な知財戦略は企業に任せなさいと。これが実施化に向けた産学連携の基本です。それでこそ実施率が高まる。そうじゃないと、いくら技術がよくても、途中の知財の活動が不十分なために、企業がＴＴを受ける時におっかなくて事業ができないですよ。そこはぜひ分かっていただかないと。

大学は不実施補償※しろということばかりおっしゃいますが、その前にもっと実施できるようなアライアンス関係を組めばいいのです。そうしたら企業も安心して実施するじゃないですか。技術内容が優れていても、知財の点から、実施するのに首をかしげざるを得ないような状況になったら一番もったいないですよね。

富岡…今日の一つのテーマになっている事業のための知財という点からは、大学は事業をしないんですからね。

※　ＴＬＯ
Technology Licensing Organization＝技術移転機関のこと。
大学で生まれた研究成果を特許化し、民間企業等への技術移転を行う機関。72ページ「承認・認定ＴＬＯ一覧」を参照。

※　不実施補償
産学連携で生まれた技術を大学と企業で共同出願し権利化した場合、大学は製品の製造・販売という実施能力を持たないため、大学が企業側に実施しないことに対する金銭的な補償を求める場合がある。

丸島…そうです。事業をする人の立場で知財を考えないと、事業にならない。産学連携で一番大事なのはその考えなのです。これを大学側が理解してくれないと、産学連携の組み方が変わってしまいますよ。

職務発明の相当の対価

富岡…事業の観点というと、職務発明の対価の問題についても、先生は相当の思いを持たれているのではないかと思うのですが……。

丸島…経営者の立場から職務発明を考えますと、1件の発明の対価などというのではなく、その経営に対してその会社の保有している知的財産権がどれだけ効果を持っているかをトータルで評価する。そのうえで、知的財産権があったから事業競争力が高まり、これだけ利益が出ましたというのを評価して、その全体に対して配分比率を決めて職務発明対価としてやればいいじゃないですか。

そのなかで今度は発明者間で配分比率を考えればいいのですよ。大枠は経営の視点でみるべきだと思います。そうでないと、1件から積み重なっていったら、結局何%になるのですか？　という話です。こんな不安定な状態では、経営者が安心して事業できないじゃないですか。これが私の基本的な考えです。だから、職務発明というのは、トータルで事業にどれだけ貢献したか、それで評価してくださいと。そのなかで、その時、その時の事業に貢献した発明者で配分すればいいじゃないですか。そのなかが多少狂ったとしても、大きな意味の狂いはないじゃないですか。ところが、1件ずつ争っていくと、例えば5%の貢献で、5%ルールがずっと重なると、5%が何人で100%になるのですか？　20人でしょ（笑）。一人ずつ争うと、「あぁ、5%くらい貢献したのだろうなぁ」という気持ちは分かりますよ。でも実際は、事業によって違いますけど、例えば我々の業界だったら、一つの商品について継続して事業をやっていたら、その間に貢献者なんて何百人ずついるのです。しかも時代によって変わっていきますでしょ。これは1件ずつ5%適用したらいつだって100%を超えてしまうのですよ。

　だからこれはね、職務発明制度として根本的にみてもらわないと難しい。それで、いつだったかこのことを裁判官にいったことがあるのですよ。すると、「いいじゃないですか、じゃあ、全員が裁判やってください」というのです。

　でも、それは違う。全員が裁判をするのではなくて、会社が発明対価を全体として、トータルで払うという仕組みで考えるべきなのです。その考えが出たのが、日亜の中村先生のケースで東京高裁の和解勧告※が出ているのですが、あの考え方はまさに、全体という考えが出ているのですよ。まぁ、事情は別にあったのかもしれません。でも結果としては出ています。また、ある改良発明に対して、ブレークスルーをやった重要な特許があるという認定もしてくれているのですよ。

※　日亜化学工業株式会社とその元従業員、中村修二氏との間で争われていた特許法第35条に基づく相当の対価請求訴訟。第一審の東京地裁では、相当の対価として約600億円が認定され、原告の請求額200億円全額の支払いが命じられた。控訴審の東京高裁においては、中村修二氏の関係する100件以上のすべての職務発明を含め和解金8億4000万円（利息を含む）とする和解勧告が出され、平成17年1月11日に和解が成立。

これを評価してくれたというのはすごく大事なのです。というのは、基本の発明者だけでは事業にならず、事業化のためにブレークスルーする開発者がいて初めて事業化ができるのです。そこを評価してあげないと、誰も協力してくれなくなってしまう。もっと言えば、私は日本の企業の強みというのは、みんなが協力して、一つの目的を達成するという協力体制だと思うのです。これは恐らく世界中で一番だと思っています。この協力体制を崩すような仕組みをつくったら、日本の競争力はまた下がってしまう。こんないい仕組みを崩すような職務発明対価の決め方というのはよくないと思う。やっぱり基本発明者は大事ですよ。でも、日本の強みは、それをベースに、みんなが事業化に協力してくれるということなのです。その際、事業化のためのブレークスルーが必ず存在しているのですよ。それを評価してあげないと、誰も協力体制をとらなくなってしまう。

みんな、「オレが発明者だ」と言って基本発明者になろうとして、研究開発の協力体制もなくなってしまうのです。これでは日本の競争力は高まらない。発明者にたくさん対価を払えば競争力が高まるように思っている人がいますけど、そうじゃない。今までは創造性豊かな発明者が少なかった。だから創造性を高めるようなやり方も必要ですけれど、それと同時にそれを事業化する、実施化に向けた協力をしてくれる人も十分に評価しないと、これは今の職務発明の事業への貢献なんてできなくなりますよ。

富岡…実施化というのは英語で reduction to practice じゃないですか。本当にそうですよね。英語がまさにそれを表していると私は思っているんですが……。

丸島…そのとおりです。日亜のケースは発明者が事業化のところまでやりましたが、一般的には発明者が必ずしも事業化に関係しないケースが多いじゃないですか。だから基本の発明を、例えば、３つの会社にポンッと渡して、「はい、事業をやってください」と言っても、みんな同じ成功をしますか？　しませんよね。これはですね、その会社が持っている知財力によっても違ってくるし、さっきの協力体制でも違ってくるし、みんな条件によって結果が違ってくるわけですよ。にもかかわらず、成功したことを、この発明があったからだと、これだけで評価しているじゃないですか。こんな評価の仕方は好ましくない。

富岡…昔のケースで大変恐縮なんですが、自動車のロータリーエンジンのケースもまさにそうだと私は思うんです。ドイツのバンケル社の基本特許があって、でも彼らではできないというんで、結局、マツダさんが手を挙げて、マツダさんが全部周辺を押さえた。でも、そうだからといって、あれで職務発明の何かトラブルがあったかというと、そんなことないですよね。35条はあの時からあるはずですからね。だから、なんで今、こういうふうになってしまったんでしょう？

丸島…それはですね、これは私が勝手に思っているだけかもしれませんが、職務発明訴訟の本当の原因は、対価が少ないから起こしているのではなく、別の理由、要するに処遇なのですよ。人事評価の不満を訴える方法がほかにないから、職務発明の問題で訴えているのですよ。そういうケースが随分多いと私は思います。

私が実際に現役でやっていたころというのは、インセンティブをいかに与えてですね、要するに知財力を高めるためにみんながいかに協力体制をとれるかということに随分と気を使って仕組みづくりをしていたのですけど、その時に金額の問題を言った技術者はあまりいなかったですよ。要するに、自分たちの生きがいの問題が関係しますでしょ？　生きがいは何かというのは人によって違いますけど、結局、当時の生きがいというのはお金じゃなかったのです。それで技術者は満足して仕事していたのですよ。一般的に言えばその生きがいがだんだんなくなってくると、不満を持って、それで訴える手段として職務発明を利用していると……。こういう傾向が随分あると、私は思っているのですね。

富岡…米国はそもそも職務発明の規定がないので、この話はないとは思うんですが、企業で働いてる従業員のなした発明が企業に譲渡される場合の対価をみますと、本当に安いですよね。それで、その時の話を聞くと、いい発明をした人には、エグゼクティブがランチに招待して肩をポンと叩き「君、よくやってくれたね」。

これで彼らはＯＫなんだという話を聞くんですけれども、まさに、そういう気持ちのうえでのインセンティブというのはすごく大事だと思うんですよ。

丸島…そうです。例えば役員室とか人が来るような部屋に、歴代の優秀発明者の写真を並べておくとか、社長が表彰するとか、ボーナスをあげるとか、研究テーマと予算をつけるとか、人に合ったポジションを与えるとか事業に貢献した人に対してはそういうことで、十分インセンティブになるのだと思います。問題は、人間というのはやはりその会社で生きがいを持って働けるかどうかというのが基本じゃないですか。それがなくなったら、やはりダメなのですよ。

富岡…それはやはり中小企業でも大企業でも差はないと？

丸島…同じです。むしろ中小企業はそういう点では有利ですよ。みんながやりがいを持てるのですから。これはですね、中小企業の強みなのです。大企業の弱みというのは、先程申したように、技術者が大勢いて自分が一つの歯車しかやらなくなるから、その辺からの技術者の不満というのが出てくるわけです。

そういう大企業の弱みというのを中小企業は気が付いていないから、みんな中小企業の人は「弱い、弱い」と言うのですけれど、強みをたくさん持っているのです。その強みを生かして、大企業の弱みを補完してあげるような連携だってできるわけじゃないですか。

富岡…攻撃じゃなくていいんですね。補完すればいいんですよね。

丸島…補完しながら自分も強くしていくというのが、私は必要だと思っているのです。自分たちの強みというのをもっと自信を持って認識すべきではないのでしょうか。それであとは、先程から申しているように、知財の本質を理解して、知恵を使って勇気を持って進む、というのが中小企業に必要なことだと思います。人のせいにしてはいけないのですよ。やはり自分がやればできるのだという自信を持って、やる気になることだと思いますね。

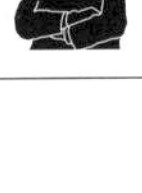

中小企業には技術がある

富岡…冒頭、先生がおっしゃったように、中小企業はヒト・モノ・カネの三要素でいったときには、ヒトとカネはないですよね。でも、モノを技術と置き換えれば、技術はあるんだし、その技術はまさに知財の礎なのですから、それを大事にということなんですね。

丸島…そうです。間違っても、一時のお金が欲しいために、一番競争力の素になる特許をライセンスしてはいけないということなのです。これを間違うと、一時はいいけれど、結局その中小企業はライセンスした途端に競争者をいっぱいつくったということだから、もう事業では勝てない。その辺をまだ錯覚している人が多いのではないでしょうか。

例えば、信託※でやるとお金が入りますよといいますけど、信託というのはライセンスですよね。ライセンスにしてもいい、競争力に関係ない特許を信託にするならいいですけど。これで勝とうという特許をなぜ信託に出して、一時の金を

※ 信託
平成16年12月の信託業法改正により、知的財産も信託が可能になった。知財信託には、知的財産やそのライセンスの管理等を目的とする管理目的型信託と、知的財産を活用して得られる収益を裏付けとして資金調達を行う資金調達目的型信託がある。
後者の場合、ライセンス収入を裏付けとして信託がなされると本文で指摘している問題が生じる。

稼ごうとするのですか？　そうしたらもう事業競争をあきらめなければならない。信託するには事実上独占的に実施する権利を確保できる仕組みを考えるべきです。これで勝つのだという特許なら、ライセンスしないでお金が入ることを考えるべきです。

これはやはりその財産を最大限活用してアライアンスを組むということなのです。他人のお金で仕事をするように、その特許を活用することなのです。ライセンスすることではない。これを間違えると強みをなくしてしまうのですよね。だから本当にこれで勝ちたいという特許はライセンスしてはいけない。

にもかかわらず、中小企業に対してみんなライセンスを奨励しているじゃないですか。それは本質を間違えているのではないのですか？　確かにお金をとるために活用すること自体はいいと思うのです。それを否定しているのではないのですが、もし事業で勝ちたいならライセンスしてはダメですよ。ライセンスしないで、どうやって事業化できるか、他人からお金をどうやって入れるか。ここに知恵を使うべきだということなのですよ。

富岡…ヒト、モノ、カネ、のモノ（技術）はあるのだから、あとはヒトとカネをどうやって補完して、うまくアライアンスのなかで実現していくかということですね。

丸島…それをやり遂げていけば、絶対成功すると私は思うのですよね。弱いのではないのです。知恵と勇気こそが必要、私はそう思っているのです。

もう、弱いと決め込んで「仕方ない」と言っているだけでは何も生まれません。その点は、米国のベンチャーの社長さんを見習ってほしいと思います。もう強いですよ。本当に強い。

富岡…いわゆるタフってやつですよね。

丸島…タフです。やはり自分が勝とうという、成長しようということに対しては、本当に知恵を使っていますよ。これは素晴らしいと思います。技術者としても素晴らしいし、ヘタな知財の人間よりよっぽど権利化もうまいですよね。自分の発明を真剣に考えているから。言わば、一人三役をやっているのですよ。

富岡…三位一体をまさに体現してるわけですね。

丸島…そういうことですよ。一人でやっているわけですから、こんなに強いものはないのですよ。大きくなって一人でできないから三位一体というのであって、一人でできるのだからこんなに強いことはない。ベンチャーの社長は、やろうと思ったら三つを一人でできる。一番強いのです。中小企業だってそういう社長はたくさんいるのですよ。だから大事なのは、その意識を持って行動をとることだろうと私は思うのです。そんなに弱くはないのだということをやはり意識してほしいですね。

ゼロックスとの戦いで得たもの

富岡…そうしますと、キヤノンさんとゼロックスさんの特許紛争の時も、複写機の先進会社であるゼロックスに戦いを挑む、という意識でやられていたわけですね。

丸島…そうです。ライセンスも受けられないのにその分野の開発をしろと言われたら、それしかないじゃないですか。相手の特許に触れないような技術開発をしない限りは、絶対事業にならない。そうかといってそこに入っていかなかったら、当時ライセンスを受けてやっていたエレクトロファックス方式※では事業的に勝てるわけがない。絶対、普通紙複写機のほうが強い。この分野に入って勝てなかったら事業はないと。だからこそ経営者がそれをやれと命令を出したわけですよ。

　それで勝てなかったらもう事業はない、そういう意識を持ってとにかく突破しようとみんな燃えて入ったわけです。とても最初からできるなどと思えたわけではないですよね。当時、経営者にやれと言われる前に、もし「マップ※を書いて真っ黒だったら入るな」という教科書どおりの行動をしていたら、経営者に入るなと進言しなければならなかったような状況です。しかし事業的、感覚的にはですね、この事業に入れなかったらもう複写機事業はないと。そういう経営感覚だと思うのです。それで、経営者がやれと命令を出して、従業員は何とかして突破しよう

※ **エレクトロファックス方式**
電子写真法の一つ。電子写真法の初期段階では、ゼログラフィー方式とエレクトロファックス方式があり、エレクトロファックス方式は米国のRCA社が特許権者で日本企業も実施許諾を受けていた。

※ **マップ**
特許情報を視覚的に分かりやすくまとめた資料をパテントマップという。例えば、製品のどの部分に他社の出願や特許があるかを図表を用いるなどして視覚的に表現する。パテントマップを作成して、製品が他社の出願や特許で真っ黒に塗りつぶされるようなら、新規参入は容易ではないことが分かる。

と必死になって、その結果できたということですよね。だから、真っ黒だからできないとあきらめてしまったら、これは絶対にできない。しかしマップは時間軸でみないといけない。特許は有限じゃないですか。そうであれば、そこに自身が投入するパワーによって、先でマップの色が変わるじゃないですか。そこまで読むことができたら入るべきであって、現時点でのマップをみて黒い分野に入るなと言われたら、マーケットのないところに行けというのと同じじゃないですか。白いところは特許的に安全だけどマーケットはないかもしれない……。

富岡…ＮＨＫの「プロジェクトＸ」を見た時に、象徴的かもしれないですけど、ある場面のなかで、机の上にゼロックスさんの公報がウワァーッと置いてあって、まさにこれが真っ黒の状況ですよね。その時に、めげるということはなかったんですか？　それよりもやはり、これを打破しないことには先に進まないんだと。

丸島…それはもう、みんなが打破してやろうと思っていましたよ（笑）。それで、結果論かもしれないけど、結局、突破できる要素があるということです。というのは、技術は絶えず進歩している。だから一時強くても、技術の進歩によって、また、周辺技術の進歩によっても、別の手段で代替できることが多いじゃないですか。もう一つは、先程述べたように、思想で取ってない特許が結構多いということですよね。その二つが要因となって、あとは、技術者に特許センスがあれば突破できるんですよ。だから、大事なのは技術者の特許マインドとセンスですね。

富岡…だからこそ、いかに知財が技術部門とコラボレートできるかということですね。

丸島…そういうことです。研究部門の人に対して必要なのは、知財マインドと知財センスを高めることなのですよ。

富岡…それがまさに、その当時のキヤノンさん、「小」じゃないけど「中」企業としてのキヤノンさんの生きざまだったんですね。

丸島…そうですね。「プロジェクトX」では事業化ができたという成果に焦点を当ててもらっていましたが、実は、そのことよりも、そういう知財マインドと知財センスを持った技術者が育ったということのほうが、後々の事業のためにはすごく貢献しているのです。技術者に知財マインドと知財センスができた、そして、そういう人たちが社内のいろんな分野に散っていき、それぞれの開発部門にそういう考え方を植え付けたのですよ。

もちろん、知財もそれをフォローするように努力しました。その財産のほうがはるかに大きいのです。あれから社内の知財に対する認識がガラッと変わったのですから。

富岡…やはり、エポックメーキングな出来事であったことには間違いないと……。

丸島…つくづく感じたのは、当時のカメラはある程度技術が成熟していた。だから他人の特許があってもまねさえしなければ事業には困らない。では、特許を取る効果は何かというと、デッドコピーを防ぐというような効果しかなかったわけです。

はっきり言えば、技術者も「やることないな」と思うくらい行き詰まっていた。ところが、周辺技術の変化、すなわち半導体とソフトウエアですが、これによって状況がガラッと変わりまして、この2つを組み合わせることによって、それまでメカではできなかったことがやたらとできるようになったのです。

そうするとグワーッと開発が増えた。だから、一時ダメだと思っていた分野でも、周辺技術の変化によって開発なんてガラッと変わるのです。それが電子化のはしりで、今はデジカメのほうにきてしまったけれど。そのくらいやはり、周辺技術の変化によって商品そのものも変わってくるじゃないですか。

富岡…まさに複写機もそうですよね。昔の光反射式のところが、レーザーが出てきて、CCDもできると。いま複写機というのは基本的にスキャナーとプリンターの組み合わせですからね。それに通信機能を付ければファックスにもなる。

戦略的クロスライセンス

丸島…だからこの辺の理解が、契約の良し悪しに影響するのですよ。例えば、商品のトレンドをみて許諾製品の定義をつくるという場合、見通しができる人、分かっている人かどうかで、契約の良し悪しが決まってしまうのです。分かってない人だったら、現行のものしか考えないじゃないですか。ところがこの商品が、次はここ、次はここと変化するであろうと読めたら、先を読んで許諾製品の定義の仕方が変わるのですよ。ここができているか否かで契約の良し悪しがもろに出ます。

富岡…まさに契約力ですね。

丸島…そう、これは契約力。法律じゃないのですよ。いわゆる技術契約、ライセンス契約や共同開発契約はですね、成果の取り扱いを定める際に一番大事なのは、技術の理解と定義ですよ。定義で勝負ですよ。許諾の対象の定義ひとつで、何年もつか、1年でもう死んでしまうのか（笑）、大きな差ですよ、これは。

富岡…その定義をする際に、対象の概念化、包括概念化ということも必要になってくるわけですね。その知恵ですよね。

丸島…そうです。これは業界によっても違うと思いますが、我々の業界では、一つの商品にものすごい数の特許が包含されている。これは自社開発の技術に関する特許もあるし、そうでないものもある。大体、すべての技術を内製化してはいないですよね。必要な部品を購入する。そして購入した部品にも皆、特許は存在するわけです。それを、昔だったら、部品で特許の問題が起きたときは部品メーカーが全部責任を取ってくれたのですよね。

富岡：いわゆる特許保証というかたちのなかで。

丸島：特許保証ですね。ところが今、権利者が部品の問題でも部品メーカーにいかないでセットメーカーを攻めてきますでしょ？　だからセットメーカーがもろに攻撃を受けるのですよ。部品メーカーから特許保証を得ればいいというけれど、部品メーカーがセットの損害まで実際に保証できるかと考えたときに、事実上できませんよね。部品メーカーの立場に立ったら青天井の保証なんてできないじゃないですか。限界を設けますでしょ。しかし、限界を設けられたらセットメーカーとしては特許保証をもらっても役に立たない。だから現実にリスクマネジメントをやろうとしたら、今までは部品を買うのに、どれが一番か知らないけれど、品質、価格、納期を要件にしていたのが、もう一つ知財の問題が一番大きくなったと思いますね。知財問題を起こさない部品というのは、セットメーカーにとってみればすごく大事になってくるわけです。ですから、部品メーカーも知財の問題はセットメーカーの立場で考えてくれないと今は成り立たないのではないでしょうか。リスクマネジメントというのは、いま一番大事になってきています。

昔は教科書に、パテントアップルーバル（特許承認）が最高の仕事と書いてあった。図面を見て、これは事業化して良い、悪いと。今それをやろうとしてもブラックボックスだらけでとてもできません。そのブラックボックスの中を知りたいといっても誰も教えてくれません。半導体部品を買ってきて、中を教えてくれといっても誰も教えてくれないですよね。入力、出力しか教えてくれない。中身が問題なのに全然分からない。すなわち、ブラックボックスを抱えながら事業をやっているわけですよ。でも、競争力を高める技術は自分の技術ですから、これはちゃんと分かっている。自分の事業にとっては、ブラックボックス部分というのは、あまり競争力には関係ないところなのです。ですから、そういうブラックボックス部分で争いを起こさないようにするためにはどうしたらいいかを考えればいい。

この答えが戦略的包括クロスライセンスなのです。それで、競争力のある技術はクロスから外す。それが大事なのです。包括クロスが悪いというのは、戦略もなく全部一括でクロスにするのが悪い。これでは競争力は高まらない。私がいう戦略的包括ライセンスという意味は、先程の中小企業の例に当てはめれば、競争で勝つための技術は外すということなのです。

富岡…それが「戦略的」という意味なんですね。

丸島…そうです。勝つための技術を入れたまま全部というのは、何も知恵を使ってないわけです。お互いが技術を使えるからその二社は強くなると思うかもしれませんが、実は、弱点がたくさん出てくるのですよ。競争心がなくなってくるのです。一時は二社間が強くなるかもしれない。でも、競争心がなくなるから、国際競争力からみたらだんだん弱くなっていくのです。要は国際競争力で勝たなければならない。だから、不要なところで争っても体力を消耗するだけですから、そういうところはクロスでお互いに不戦状態にする。そして競争するところはお互いに切磋琢磨して競争する。これが大事なのですよ。

富岡…そこはガチンコをすればいいわけですよね。

丸島…だから、勝つための特許を侵害され、話し合いで解決できない場合は、ライセンスはせずに徹底的にやめさせるまで訴訟をやらなければならない。訴訟を戦略には入れていないというけれど、いざという時には、やはり訴訟でやっつけなければならないから、普段の仕事でも当然に訴訟を意識していますよ。だって、訴訟で勝てないようなヘマをやっていたら、何にもなりませんから。では、どういうときに訴訟をやるかといったら、お金をとるときではなくて、自分がライセンスしてはいけない技術を侵害されたときです。それを止めるためには妥協のない訴訟をしなければならない。これは妥協できないですよ。お金で解決できないのですから。そういう意味で訴訟というのは大事なのですけれども、お金をもらうために訴訟して、途中で和解してお金をもらってくる。それだったら訴訟しないで交渉でお金をとってくればいいじゃないですか。私はお金で解決するのだったらほとんど訴訟しないで、みんな交渉でもらってきましたよ。それもお金だけもらうのではなくて、技術も含めてね（笑）。それが知財の仕事です、と言いたいですね。

富岡…知恵の知財ですからね。

丸島…そうですよ。それをできるのが知財の面白みなのですよ。だから、現金を稼いでくるのが知財の仕事だなどと思ってしまうと、何か情けないなと……。そういうのは知財の人間でなくともできるじゃないですか。お金だけ稼いでくるのは誰でもできるのですよ。

ノウハウ化による技術保護

富岡：技術を知財で守るという場合、特許出願と並んでノウハウ化するという守り方がありますが、このノウハウ化についてお伺いしたいと思います。

中小企業が持っている技術の中には、出願して公開したものよりも、ノウハウとして秘密に保持しているものが多数あると思うんですね。私も時々、知財セミナーの講師をさせていただく機会があるのですが、ノウハウの話をさせてもらうときは必ず、コカ・コーラの話をするんです。コカ・コーラは、米国で特許法があった時代でも特許の保護を求めずにノウハウ化して技術を守ったと……。それはやはり一つには、特許が有期だというところのデメリットを徹底的についたというふうにものの本には書いてあるわけです。

ノウハウ化による保護をしたために、コカ・コーラのまがいものは百何十年たった今でも出てませんよねと。中小企業においても、戦略的な技術をノウハウ化によって保護しているという場合もあると思うのですが、このような特許出願をせずにノウハウで守るという方法について先生はどのようにお考えでしょうか。

丸島：一番大事なポイントかもしれませんけれども、ノウハウで守るといいますが、果たして本当に守りきれますか？　ということを真剣に考える必要があると思います。私は不正競争防止法改正の時も、もう少し強めの法律改正が必要だと主張した一人なのですけれど、いま、元従業員に対して企業はほとんど無防備なんですね。これは人材流動化を推進する人たちにそういう意見が強いからなのです。

では、元従業員が開示することを防げるような社内管理ができるのですか？ これができなかったらコカ・コーラのまねはできないのです。中小企業だったらそういうことができるのかもしれないけれど、大企業の場合に定年で辞めていった人に対しては防ぎようがないじゃないですか。在籍中に正当に入手した技術を、辞めた後に使うことは一切抑えられないのですからね。

入社する時に念書をとって、機密保持を守りますといっても、これは在籍中の問題であって、辞めてしまったら効果がない。では、辞める時に契約すればいいではないかとよくいいますが、嫌だと拒まれれば契約の強制などはできない。

だから、システム的に、辞められたら防ぎようがないのです。それを守りきれるだけの方法があるのかということを考えなければならない。これが第一点です。それからもう一つは、社内管理を徹底してやった場合にどういうことになるかというと、開発の効率が下がるのですよね。ですからコカ・コーラでは、3人くらいしか全体を知らないとよく聞くのですが、そういう状態で開発体制を保てるのですか？ 日本のいいところは、情報を共有して、みんなが協力体制をとって効率を上げて開発する。この強みだったのですよ。ところが、ノウハウ中心で考えていったらみんなに開示しないということを社内で徹底管理しなければならない。それで成り立つ会社なのですか？　ということをみなければならないですよね。ですから、開発効率が落ちるということとのバランスで、ノウハウとして保護するかどうかを考えなければならない。

さらにもう一つ。ノウハウを開示しなくても、特許は取れるのではないですか。そして、本当のノウハウというのは特許にならないのではないでしょうか。だから、他社に特許を取られて事業が抑えられてしまうような範囲というのは、ノウハウではないのではないか。その点を誤解している人が多いのではないでしょうか。本当に欲しいノウハウは明細書に書かないで、それを権利として抑えるような出願の仕方もあるじゃないですか。ここでも知恵を使わないと……。

また、ノウハウというと、なぜかボヤッと広く考えて、どうせリバースエンジニアリングで分かってしまうというようなものまでノウハウだといっているけれど、いったん装置を売ったらみんな分析されて分かってしまうようなものを、ノウハウだと思っていたらこれは大間違いで、そんなものは特許を取らなかったら、第三者に特許を取られて逆に攻撃されてしまうわけです。

それからもう一つ考えなければならないのは、やはり米国で訴訟を起こされたら、ディスカバリーで技術開示が求められ、生産方法だろうが、実施技術が分かってしまうのですよね。域外適用※は最たるものだと思いますが、日本でつくった

※　**域外適用**
米国特許法は、特許権の間接侵害について、一定の場合、同法の規定が米国の領域外の行為にも適用されるという域外適用を認めている（米国特許法第二七一条（b）項および（C）項）。

物を米国へ持っていって米国の生産方法の特許を侵害したら、日本で製造していたって全部つくり方が分かってしまいますでしょ？　そういうことも考えなければならないですよね。もちろん、機密保持義務を負いますから、相手の企業は自分でも使えないし、他人にもしゃべれない。そういう前提にはなっているけれども、現実問題としてどうなのかというクエスチョンは出ますよね。そういうことを考えたうえで、どこをノウハウとして、どこを特許で守るかということを考えないとならない。一言でノウハウだから特許を出すな、というのではちょっと芸がないと言わざるを得ない。だからノウハウで守るべきものはあると私も思いますよ。でも本当に守れるか、それをどうやって管理していくか、そこまで考えて選択しないと、特許も取らない、技術は出てしまう、ということでは結局何も残らない。

　金型だって、いま電子化されているでしょ？　あれを電子化したらですね、出てしまう可能性は高いですよ、外へ。

富岡…情報としてですね。

丸島…そうすると、匠の技の一部は出ないかもしれないけれど、ほとんどのところはもう出てしまいますね。

成果主義と実力主義は違う

丸島…それから、先程申した中小企業の交渉力、契約力がないという点に関してですが、海外に技術が流出してしまうということは、向こうがその技術を取りたいのですよね。

富岡…欲しいんですよね。

丸島…欲しいから、その技術を得られるような契約条件をぶつけてくるじゃないですか。それで結局、断りきれないで契約してしまうから、スーッと技術が向こうに流れてしまうでしょ？　だから、一時の利益のために将来を犠牲にしてしまうようなことを、いかに真剣に考えて防止するかということなのです。

　だから、知財も経営もそうだと思いますけれど、今がいいからというのではなくて、先のことがどうなるのかということを真剣に考えたほうが私はいいと思う。我々がやっていたころというのは、先を気にして、否、先ばかり考えて仕事ができたのです。

　ところが今は、短期成果ばかり求められるから、どうしても短期、短期で何かやらなければならないような義務感をみんなが持っているような行動をとるので、それがすべて結果的にみるとマイナスになっているのだと私は思うのです。

だから、成果主義の欠陥というのはそれなのです。人の評価でも同じですが、戦略的、長期的に仕事をしろと言った以上は、評価においても、そういう仕事をしている人を評価しない限り仕事をしてくれません。そうすると、今年何件やった、ということではないのです。考え方と行動をみて評価する。それで「成果が出たら自慢しに来い」と。こういう評価の仕方をしてあげないと、本当の意味での、先程私が申し上げたような仕事はやらないですよ。

富岡…できないですよね。

丸島…できないです。だから、コンピュータの出力だけで評価するようなことをしだしたら、もう内容なんかどうでもよくて、コンピュータがいい出力を出すような仕事に走りますよね。頭のいい人こそ、そっちに行ってしまいますよね（笑）。

私たちの時代はそういう評価なんて気にしないで「やるべきことをやる」ということでやっていましたからもったのだと思うのです。当時はそんなに成果主義を強調されませんでした。

実力主義とはいわれましたが、成果主義とはいわれなかった。実力主義は大事です。しかし成果主義というのは、誤解すると短期の成果主義に陥りやすい。本来の成果主義というのはやはり、長期の成果主義ですよ。

富岡…ロングスパンの。

丸島…そう。しかし、どうしても短期成果に走るじゃないですか。これは、経営者の立場からしてみれば、株主重視というのが強調されすぎて、毎期、毎期でいい成果を出さないと経営者が責められる。だからあまり長期投資ができなくなってしまうということになるのでしょう。だから経営体質もだんだん今のような外部からの圧力で弱められているのですよね。

産学連携の目的

丸島…少し産学連携のお話をさせていただくと、このような経緯もあって、産学連携が必要だということになってきたのですよね。長期投資が自分でできないから、では長期の技術は大学でと。それがそもそもの産学連携の基本なのです。

　私は、産学連携は二極分割すべきだと思うのです。国として大事な将来の技術をやる産学連携と、地方とか中小企業の事業のサポートをする産学連携。それぞれやり方が違うべきなのですが、それを全部一本にしてしまって産学連携といっているから、おかしくなってくるのですよ。

富岡…雛型みたいな契約書が出てきて、どちらにもダメだみたいなのですね。

丸島…そうそう。ですから産学連携の目的をはっきりさせなくてはならない。知財というのは、やはり国の政策に依存しますでしょ？　一時、日本が国際競争で勝った時に外国は何を言ったかというと、日本に技術を出すなと言ったのですよね。

日本もフロントランナーになったという意識があり、それを継続するためには今度は他国に頼れず、自分でつくり出していかなければならなくなった。それで、産学連携で大学あるいは国の研究所にそういうことを期待したい、ということになって大学改革もお願いしたのです。

若い先生が上の先生のしっぽにくっついて歩いていれば自動的に教授になるなどというのではなく、競争心を持たせて、どんどん資金が得られて研究ができるようにして、本当に力をつけていい研究をやっていただこうというのが大学改革の基本です。それで、その成果を産学連携で産業界に還元してくださいというのが大きな意味での産学連携の目的だったのです。

中小企業と標準化

丸島…違う側面からいうと、昔は企業が基礎研究から何から全部自前でやろうとしたけれど、今はそれができなくなってしまった。その一つの理由は、先程申した経営者に対する外部からの圧力、もう一つは技術の変化とそれに伴う標準化※です。これはですね、自力でやっていれば勝てた時代から、デジタルの時代になってしまった今、世の中の技術の動きと連動しない限り、いくら自分の技術がいいからといったって事業にならないのですよね。

　昔はアナログの時代で、自分の技術が良ければ何年かけてもそれで商品化すれば勝てた。でも、今はそれでは勝てません。標準化技術が別の方向に行ってしまったら取り残されてしまう。今は研究開発と標準化というのが連動しない限り勝てないのですよね。少なくとも自分の得意な技術を阻害されるような標準化技術ができてしまったらその企業は負けですよ。標準化というのは、自分の技術を生かすために最低限必要なことなのです。ですから今、標準化の勝ち組みに入らない限り大きな意味では事業競争力を失くしてしまうのですよね。

　このことは中小企業には関係がないといわれがちですけれど、実は関係があるのですよ。直接には関係なくとも、間接的には関係あるかもしれない。例えば、

※　**標準化**
情報通信分野など技術革新が著しい分野においては、新製品の市場を迅速に立ち上げ、需要の拡大を図るため、異なる機種間の情報伝達方式や接続方法などについて規格を策定し、広く普及させる必要性が高く、関連する事業者が共同で規格を策定し、広く普及を進める活動（標準化活動）が行われている（公正取引委員会「標準化に伴うパテントプールの形成等に関する独占禁止法上の考え方」参照）。

材料メーカーでも、部品メーカーでも、納める先のお客さまが負けたら影響を受けるじゃないですか。日本が負けたら影響を受けるじゃないですか。大きな意味では、日本の企業は国際競争力を持たない限り、国内産業の裾野がみんないい思いをできないのですよ。ですから、直接ではなくても、間接的にはみんな影響を受けている。だから私は標準化というのは、国際競争力を高めるために、日本としてもっと積極的になるべきだと思う。これは一部の業界の問題だと思われていますが、決してそうではない。日本の産業を強めるためには、直接間接にはみんな影響を受けているのです。

どんな会社でも、材料メーカーだろうが部品メーカーだろうが影響を受けている。まぁ、製薬は別かもしれない（笑）。しかし、セットとして商品が出るような事業においては、関係している川下も、垂直方向も水平方向も全部関係しています。純粋に薬の世界だけは、最終商品が一物一特許という極端な言い方をすると、そういう世界は標準というのは関係ない。あれは標準をつくったら意味がないのですよね。標準ではないところに特徴がある。しかし、普通の技術分野では、ネットワークにつながらないものは商品にならないじゃないですか。つながるということは、もう標準化が絶対必要になってきている証拠なのです。ですから、技術標準というのは中小企業に関係ないということではないのです。直接は関係ない場合もあるかもしれないけれど、間接的には影響を受けている。

富岡…その標準化と先生がおっしゃっているのは、特に国際標準のことですよね。

丸島…そうです。というのは、国内標準をつくって威張っていても、日本のなかだけでやれるならばいいけれど、国全体を考えれば、日本のなかでやっていて自給自足はできないわけですよね。するとやはり国際競争力を高めることが必要になってくる。国際競争力を高めるために何が必要かというと、今、ＷＴＯ加盟国はＴＢＴ協定※というのがありますよね。あの協定においては、国際標準をとっていることが唯一製品をボイコットされない条件じゃないですか。だから、国際標準をとっていないと、ある国からボイコットされてしまう。その国の標準に合っていないということで。逆に言えば、相手が国際標準をとっていなければ、国際標準に合っていないからという理由で堂々とボイコットできる。そういうことでは国際競争力が高まらないじゃないですか。だから、国内で争っていないで協調して国際標準をとり、それから国際マーケットで競争しましょうという考えを、やはり基本的にみんなが共有しないと。

最高のライバルが日本企業だとお互いに思っていると、どちらが日本で勝ったとしても、では国際競争力はどうなのかといったときに、その会社が国際競争で弾き飛ばされたら、日本全体がダメになるじゃないですか。だから、協調して競争しましょうと。いま日本の業界が再編なんかをやっているのは、競争して失敗して協調しているのですよ。順序が逆じゃないかと言いたいのですけどね。

※　ＴＢＴ協定

１９７４年４月に国際協定として合意されたＧＡＴＴスタンダードコードが１９９４年５月にＴＢＴ協定として改定合意され、１９９５年１月にＷＴＯ協定に包含された。ＷＴＯ加盟国すべてに適用される。

ＴＢＴ協定は、工業製品等の各国の規格および規格への適合性評価手続き（規格・基準認証制度）が不必要な貿易障壁とならないように、国際規格を基礎とした国内規格策定の原則、規格作成の透明性の確保を規定している。

規制や規格が各国で異なることで、産品の国際貿易が必要以上に妨げられること（貿易の技術的障害:Technical Barriers to Trade）をできるだけなくすことが目的。

詳細は日本工業標準調査会のＨＰを参照。

http://www.jisc.go.jp/index.html

富岡…負け犬の協調ですよね。

丸島…それではもう遅いのですよ。勝つために、協調してそれで競争しましょうと。別に法律に触れる協調をしろと言っているのではないですよ（笑）。独禁法違反をしなさいということではない。堂々と協調できるのです。協調をして、それから競争しましょうということです。先程のクロスライセンスの話で、競争力のある技術はクロスに含めずに残しましょうと言ったのと同じ考え方なのですよ。

あれも一面では協調なのですよね。余分なところでは争わなくていいじゃないですか。そうすれば、自分たちの強みのところに特化して、研究開発に資金が投入できるじゃないですか。それで強みが出てきて、相手のまねをするのではなく、お互いに競争すべきところは残しておけば、これで技術開発が育つのです。それと同じなのですよ。だから協調と競争という考え方は、知財の人も経営者も持つべきなのです。知財の人というと、権利を振り回して勝つのだということばかりが自分の役割だと思っている節があるけれど、そうではない。事業を勝つためには協調と競争の両方が必要なのです。

富岡…そしてその順序が重要なんですね。競争して協調じゃなく、協調して競争する。

丸島…そのとおり。どこで協調してどこで勝つかということを考えるのが事業を強くするための基本です。全面戦争をやったら疲労してお互い死んでしまいますよ。これはもう、いくらなんでもダメだというのは皆さん分かっているはずです。

だったら、疲労なんかしないで、お互いが強くなるような、あるレベルまでの協調は必要ですね、そのうえで、競争力も保たなければいけませんねと。これが協調と競争ですよ。

富岡…具体例を挙げると、モバイル競争がそうだと思うんですよ。あまりにも国内でせこせこと競争したおかげで、気が付いた時には、モトローラさんとかサムソンさんがウワーッと世界シェアをとってしまった。

丸島…それからもう一つ。必要な標準化さえすれば勝てる、とは思えないのです。標準化というのはある意味でオープンの世界ですよね。ですから、マーケットをとるための手段として標準が必要ですけれど、標準をつくったうえでさらに「勝つシナリオ」をつくらなければならない。すなわち、日本の特徴というのはすり合わせ技術ですから、すり合わせ技術を標準にすることはないのですよ。

はっきり言えば、すり合わせ技術を全部チップの中に入れてしまって、チップさえ買ってくれれば物ができてしまう、という標準化をやるから負けるんですよ。そこは知恵を使わないと。日本の企業の優位性がすり合わせ技術にあるのだったら、すり合わせ技術の部分は標準化から外せばいいんですよ。

富岡…先程の、戦略的なところは外すというお話ですね。

丸島…そういうことです。我々の業界が結構強いのは、すり合わせ技術が標準になっていないからなのですよ。複写機だって、肝心なエンジン部分は全然標準化になっていません。しかし、複写機全体としてみれば標準化技術はいっぱい使っているのです。でも、肝心な競争力の素になるところは標準化されてない。例えば、中に使われている技術も一部の技術は標準化されている。画像を送って、よそさまの機械でそれを再現できなかったらユーザーは困りますから。そういう技術はみんな標準技術を使います。では、自分がどれだけいい画を出すか、という部分は標準化されていません。ここでお互い競争しているのです。

だから日本の事務機産業は世界一になったのです。カメラだってそうじゃないですか。カメラも、メカとレンズの時代というのはドイツが一番だったのですよ。ドイツのメカ技術は素晴らしいですよね。でもドイツは電子化に遅れましたでしょ？　電子化で、要するに半導体とソフトの力でカメラの機能はアップし、あれで一気に日本は世界一になったのですよ。

富岡…シェアも増えたし、トップにもなれたということですね。

丸島…そう。やはり技術の変化に対応できないとダメです。しかし、ただ利便性だけを追求していると競争力がなくなる。競争力があるように利便性を考えていく。だから、標準といっても全部標準にしたら、利便性は高まるかもしれないけれど競争力がなくなる。そこは知恵じゃないですか。標準といったら何でもかんでも全部チップの中に入れろ、ということではないのだと私は思うのです。

競争力になるところはちゃんと考慮しなくてはならない。標準というのはパイの争いですから､負けたらそこに入り込めない。だからそれを確保するのが標準。さらにその中でどうやって勝つかというのが大事なので、やはりビジネスモデルをしっかり考えたうえで標準をつくるべきです。

そういう意味でも、標準化をリードしないと、他人の国の標準を守っていたのでは、自分の強みが出ないじゃないですか。私はそう思うのです。いま、幸いにも国際標準は何通りでもできるようになったのです。これもおかしいところがあるけれど、何種類も標準が認められるようになっているのだから、せめて日本も標準をとって、これは国際標準ですということで競争力を持っていかないと、弾き飛ばされてしまうじゃないですか。国際標準をとれば弾き飛ばされないわけですよ。それがマーケットへ参入していくための、少なくとも最低条件だろうと私は思っているのです。

今までは標準をリードした国がありましたよね。あそこはものづくりがうまくないから技術とかシステムでリードしましたけど、ものづくりでは、日本がその技術、標準技術を採用しながら勝ったのですよ。それで今度は、世の中でものづくりに興味を持っている国があるじゃないですか、マーケットも大きくて。こういうところが狙っているのはものづくりですよ。もろに日本が競合国ですよね。その国に勝つための標準というと､どういう方向に行くか分かるじゃないですか。

日本の企業が目覚めないといけないのはそこですよ。

「今までだって標準の問題はあったけれどやってきた」と言いますが、状況が変わっていることをもう少し認識しなければいけないと思うのですよ。

「標準なんて他人がつくったものを使っていたって勝てるよ」こういう人がまだ多いのだろうと思うのです。しかし、それは間違いだと私は思う。今度は、相棒（ライバル）が違います。相棒が違っているのに本当に勝てるのですか？　あのマーケットには行かなければいいで済むのならいいけれど、そうはいかないですよ。ならばどうすべきかを考えなければならないのだと私は思っています。

（2007年6月12日現在）

ＴＬＯ名（ホームページのアドレス）	関連大学等	承認日
(財)北九州産業学術推進機構 (http://www.ksrp.or.jp/tlo)	北九州地域(九州工業大学等)	平成14年4月1日
(株)三重ティーエルオー(http://www.mie-tlo.co.jp)	三重大学等	平成14年4月16日
(有)金沢大学ティ・エル・オー (http://kutlo.incu.kanazawa-u.ac.jp)	金沢大学、国立石川工業高等専門学校	平成14年12月26日
(株)キャンパスクリエイト (http://www.campuscreate.com)	電気通信大学	平成15年2月19日
学校法人日本医科大学 ＜知的財産・ベンチャー育成センター＞ (http://www.nms-tlo.jp)	日本医科大学、日本獣医生命科学大学	
(株)鹿児島ＴＬＯ(http://www.ktlo.co.jp/)	鹿児島大学等	
(株)信州ＴＬＯ(http://www.shinshu-tlo.co.jp/)	信州大学、長野工業高等専門学校	平成15年4月18日
(株)みやざきＴＬＯ(http://www.miyazaki-tlo.jp/)	宮崎大学等	平成15年5月16日
(有)大分ＴＬＯ(http://tlo.radc.oita-u.ac.jp/)	大分大学等	平成15年8月26日
学校法人東京理科大学 ＜科学技術交流センター＞ (http://www.tus.ac.jp/tlo/)	東京理科大学等	平成15年9月30日
(財)ひろしま産業振興機構 ＜広島ＴＬＯ＞ (http://www.hiwave.or.jp/tlo/)	広島県下の大学等(広島大学等)	平成15年10月9日
(財)岡山産業振興財団 ＜岡山ＴＬＯ＞ (http://www.optic.or.jp/)	岡山県下の大学等(岡山大学等)	平成16年4月28日
(株)長崎ＴＬＯ(http://www.nagasakitlo.jp/)	長崎県下の大学等(長崎大学等)	平成16年10月15日
(株)オムニ研究所(http://www.omni-ins.co.jp/)	長岡技術科学大学・兵庫県立大学等	平成17年2月24日
国立大学法人佐賀大学ＴＬＯ ＜佐大ＴＬＯ＞ (http://www.saga-u.ac.jp/)	佐賀大学	平成17年7月7日
(株)豊橋キャンパスイノベーション＜とよはしＴＬＯ＞ (http://www.kktci.co.jp/)	豊橋技術科学大学	平成17年9月5日
国立大学法人千葉大学産学連携・知的財産機構 (http://www.ccr.chiba-u.jp)	千葉大学	平成18年7月7日
国立大学法人東京工業大学産学連携推進本部 (http://www.sangaku.titech.ac.jp/index.html)	東京工業大学	平成19年4月2日
国立大学法人富山大学知的財産本部 (http://www3.u-toyama.ac.jp/chizai/index.html)	富山大学	平成19年6月12日

■［認定TLO］（4機関）

（2004年7月1日現在）

ＴＬＯ名（ホームページのアドレス）	関連機関等	認定日	所管省庁
(財)日本産業技術振興協会　産総研イノベーションズ (http://unit.aist.go.jp/intelprop/tlo/index.htm)	(独)産業技術総合研究所	平成13年4月13日	経済産業省
(財)ヒューマンサイエンス振興財団 (http://www.jhsf.or.jp/)	厚生労働省所管の研究機関等	平成15年5月1日	厚生労働省
(社)農林水産技術情報協会 (http://www.afftis.or.jp/)	農林水産省所管の研究機関等	平成15年6月2日	農林水産省
(財)テレコム先端技術研究支援センター (http://www.scat.or.jp/)	(独)情報通信研究機構	平成16年4月1日	総務省

※「承認・認定ＴＬＯ」とは、「大学等における技術に関する研究成果の民間事業者への移転の促進に関する法律」に基づき事業計画が承認・認定された技術移転事業者のこと。

※特許庁ホームページより引用

■［承認 TLO］（44 機関）

ＴＬＯ名（ホームページのアドレス）	関連大学等	承認日
（株）東京大学ＴＬＯ ＜ＣＡＳＴＩ＞ （http://www.casti.co.jp/）	東京大学	平成10年12月4日
関西ティー・エル・オー（株） （http://www.kansai-tlo.co.jp/）	関西地域（京都大・立命館等）	
（株）東北テクノアーチ （http://www.t-technoarch.co.jp/）	東北大学等	
学校法人 日本大学 ＜産官学連携知財センター＞ （http://www.nubic.jp/）	日本大学	
（株）筑波リエゾン研究所 （http://www.tliaison.com/）	筑波大学	平成11年4月16日
学校法人 早稲田大学 ＜産学官研究推進センター＞ （http://tlo.wul.waseda.ac.jp/）	早稲田大学	
（財）理工学振興会 ＜東工大ＴＬＯ＞ （http://www.titech-tlo.or.jp/index.html）	東京工業大学	平成11年8月26日
学校法人 慶應義塾大学 ＜知的資産センター＞ （http://www.ipc.keio.ac.jp/）	慶應義塾大学	
（有）山口ティー・エル・オー （http://www.crc.yamaguchi-u.ac.jp/tlo/）	山口大学	平成11年12月9日
北海道ティー・エル・オー（株） （http://www.h-tlo.co.jp）	北海道大学等	平成11年12月24日
（財）新産業創造研究機構 ＜ＴＬＯひょうご＞ （http://www.niro.or.jp/）	兵庫県下の大学等 （神戸大・関西学院大等）	平成12年4月19日
（財）名古屋産業科学研究所 ＜中部ＴＬＯ＞ （http://www.ctlo.org）	中部地域の大学 （名古屋大学、岐阜大学等）	
（株）産学連携機構九州 ＜九大ＴＬＯ＞ （http://www.k-uip.co.jp/）	九州大学	
学校法人 東京電機大学 ＜産官学交流センター＞ （http://www.dendai.com/）	東京電機大学	平成12年6月14日
（株）山梨ティー・エル・オー （http://www.yamanashi-tlo.co.jp/index.jsp）	山梨大学等	平成12年9月21日
タマティーエルオー（株） （http://www.tama-tlo.com/）	工学院大学、東洋大学、首都大学東京等	平成12年12月4日
学校法人　明治大学 ＜知的資産センター＞ （http://www.meiji.ac.jp/tlo/index.html）	明治大学	平成13年4月25日
よこはまティーエルオー（株） （http://www.yokohamatlo.co.jp）	横浜国立大学、横浜市立大学等	
（株）テクノネットワーク四国 ＜四国ＴＬＯ＞ （http://www.s-tlo.co.jp）	四国地域の大学 （徳島大・香川大・愛媛大・高知大等）	
（財）生産技術研究奨励会 （http://www.iis.u-tokyo.ac.jp/shourei/fpis-tlo/）	東京大学生産技術研究所	平成13年8月30日
（財）大阪産業振興機構 ＜大阪ＴＬＯ＞ （http://www.mydome.jp/osakatlo/）	大阪大学等	
（財）くまもとテクノ産業財団 ＜熊本ＴＬＯ＞ （http://www.kmt-ti.or.jp）	熊本大学等	
農工大ティー・エル・オー（株） （http://www.tuat-tlo.com/）	東京農工大	平成13年12月10日
（株）新潟ティーエルオー （http://www.niigata-tlo.com）	新潟大学等	平成13年12月25日
（財）浜松科学技術研究振興会 （http://www.stlo.or.jp）	静岡大学等	平成14年1月17日

第2章

特許の活用「権利行使」

権利行使を意識した権利形成

富岡…前章では中小企業の知財を切り口として、いわゆる企業全般の知財というものの考え方についてお話しいただきました。「事業のための知財」「知財は源流に入れ」その他、先生から示唆に富むご指摘をいただきました。次に、知的創造サイクルのなかでも特に知財力が試されると思われる活用の場面、そのなかでも特に権利行使についてお話しいただければと思います。

丸島…知財活動の一番の根幹になると思いますので、大分深い話になると思います。私は、訴訟はあまり好きではないということをよく申し上げております。話し合いで解決するのが一番大事だと。とは言うものの、いざという時は権利行使することを考えなければならない。そうすると、普段の知財活動というのは、権利行使をできるような知財の創造であり権利取得でなければならないですよね。これがベースなのです。ただ、それを表に出して、絶えず権利行使、特に訴訟ですべてを解決するというのは、私は、これは戦略には入らないだろうと思います。訴訟というのは予見性が低いわけです。いろんな意味で予見性がない部分が多いですよね。ですからそれを戦略に組み込むというのは、非常に危険性が高いでしょう。そういう意味で私は戦略には組み込めない。ただ、いざという時は、訴訟ができるような状態を維持しておくことが絶対に必要なことであろうと……。

　これはあまり世の中に向かって強調してないものですから、「あいつは訴訟嫌いだ」でとおっていると思いますけども、普段の仕事のなかでは、権利行使（訴訟も含めて）のできるような仕事をする、ということを意識してきました。

　これはどういう意味かというと、まず権利行使できるような国で特許取得しなければならないですよね。いざという時に権利行使できるようなちゃんとした手続きを踏んで権利を取ってなければいけない。単に発明の内容だけではなくて、手続的にも瑕疵をつくらないようにしなければならない。簡単な例で申し上げれば、特に米国の場合は発明者のサインというのが非常に大事ですから、発明者が内容を理解しないでしたサインであるといわれると、それで非常に権利行使がしにくくなる場合がある※。あるいは産学連携で大学の先生から権利の承継を受ける場合、大学の先生は大学の委員会の決定がないと個人的にその発明を第三者に譲渡できないかもしれない。ところが会社側は先生が承諾したことをこれ幸いとして、先生を発明者に入れて自社を出願人として出願してしまう。そういう権利がもし登録になったとしても、権利行使した相手からは正当な承継を受けていないと抗弁され、権利行使が困難になるかもしれない。あくまでも権利行使するためにちゃんとした手続きをとるということを徹底しなければならないと思うのですよね。これは普段の仕事のなかで一番大事なことだと思います。ただ、すべて

※　米国では、出願時の宣誓書（Oath）または宣言書（Declaration）に、「宣誓または宣言をする者は、名称を記載されている発明者が、クレームされ、特許を求められている主題の本来かつ最初の発明者であると考えている旨を陳述すること」が要求されている（米国特許法施行規則1.63(a)(4)項）。

の権利形成についてそこまで慎重にやろうとすると、これまた大変なことになる。

件数が膨大ですからね。そこで私の場合は、「守りの特許」と「攻めの特許」と二つに分けて、対応を変えるのです。守りの特許というのは、守りという表現からは弱い印象を与えるかもしれませんが、実は、事業を守るという意味であって、本来一番大事な特許です。ですから、一番大事な財産を侵害されたときは、これは許諾ができないのだということで、徹底的に権利行使して、訴訟に勝って相手の事業をやめさせなければならない。こういうたぐいの技術に関する権利形成に対しては、徹底してその手続面でも瑕疵のないように注意しなければならない。もちろん、他がどうでもいいというわけではないですけれど、特に守りの技術に関しての権利形成にはそれなりの準備が必要だというのが第一点。

それから、やはり相手に脅威を与えることができなければ権利行使というのはうまくいかないのですね。交渉においても同じことがいえます。それで、脅威を与えられる国はどこなのかといったときに、今は日本も制度的には良くなりましたけど、まだちょっと運用面であまり脅威を与えない側面もある。私がずっと仕事を通してみてきた限り、やはり米国における権利行使が一番相手に対して脅威を与えるだろうと思います。なぜならやはり経営者からみて、事業が止まってしまうのは、損害賠償が多額になる以上に一番脅威なのです。事業が止まらないとなるとですね、どうしても、お金で解決すればいいだろうという安易な考えを採る人が多いわけです。ですから権利行使する場合には、事業を止められる国で権利行使することが一番効果が大きいわけです。そういう意味で、どこで権利行使すればいいか、もちろんマーケットとの関係もありますから制度ばかりではありませんが、マーケットの大きさも考慮しつつ、制度的あるいは運用的に相手に脅威を与えられる、そういう国を選択して普段から権利形成をしていくということが大事でしょうし、実際活用する場合もそういう国で活用するというのが必要ではないかなと思います。

技術の評価　守りの技術か攻めの技術か

富岡…その場合、権利取得の場面においてはまだ権利侵害はないわけですから、権利侵害される場合というのを想定したうえでの権利取得が必要になるわけですね。それから、出てきた発明提案、知的創造サイクルのなかの研究開発において出てきた技術の内容を評価して、上下という意味ではなく、ランクというのでしょうか、そういう仕分けのような作業も重要になってくるわけですね。

丸島…そうですね。最も仕事を効率良くするという観点からは、結果が出る前にやはり予測するということが一番大事なことで、それにはやはりウエイト付けすることです。ですから、いまおっしゃったように、技術の価値をどうやってみるかということに対する、もちろん知財の立場でもできるのですが、役割分担をして、技術の価値は技術部門あるいは事業部門の責任者が評価するべきであると私は思っているのです。技術部門、知財部門と事業部門が連携して仕事をするという前提に立てば、少なくとも技術の評価というのは、事業部門あるいは技術部門がしなければいけない。

この事業においては計画しているこの技術で勝つのだ、というような技術上の評価は、やはり事業部門、技術部門がすべきであって、そのウエイトに応じて、知財は力の入れ方を考えればいいということなのです。ですから、よく知財が技術評価まで全部やるのだという方もいらっしゃるけれど、私は、やってはいけないとは言わないけれども、そこまで出しゃばることはないだろうと思います。むしろ知財でやらなければならないことはほかにたくさんあると。そっちのほうをもっと責任を持ってやるべきだと私は思います。守りの技術か攻めの技術かというのは、まず出願の時から区別してなければいけないですね。攻めの技術というのは、言い換えれば、それほど競争力には重要ではないものの、自分も使うけれど相手も使いたくなる、そういうたぐいの技術です。どこでその差があるのかというと微妙なのですよ。要するにオンリーワンが事業を守る技術なのであって、その他、製品の機能アップのために、自分の独創的な技術というよりは、誰でも使う、言ってみれば、よそさまの部品を購入して寄せ集めで形成する知的財産だって多いですよね。そういう部分というのは、それほど競争力に画期的な差をつけるものではないと私は思っているのです。

ところが、結構、皆さんが使いたがる特許、攻めの特許というのは数がいっぱい取れる。ですから、攻めの特許で相対的な力をつけないと、逆に言うと、守りの特許も守れなくなってしまう。自分の弱みを解消するために守りの特許を活用するということをやりだしたら、これはもう競争力がなくなってしまう。ですから、守りの特許は活用しないで、いざという時のために温存しておく。そして、普段の自分の弱みというのは攻めの特許で解決する。これが基本になっているのです。その意識というのはもう出願の段階から、やはり仕分けしてですね、目的別に権利形成、活用の活動をしなければならないと思います。

情報を共有できる環境をつくる

富岡…その場合、知的創造サイクルにおける権利取得の場面を想定しますと、そこにおける特許事務所の役割というのは非常に大きいと思います。一方で、こういうとちょっと問題があるかもしれないですけれども、特許事務所に出願を依頼するということは、自社から外に技術あるいは情報を出すという話になりますよね。そうすると、守りの特許なのか攻めの特許なのかということも考慮しつつ、徹底的に自社で処理をすることの良さと、かといって専門家ではないというところの悪さと、こういったバランスというようなものが自ずと出てくると思うのです。先生がおられたときのキヤノンさんでは、この点についてどういうふうに考えていらっしゃったんですか。

丸島…理想を言えば、大事な技術については社内で全部できればいいなとは思います。でも、実際にはそうはいかない。ですから、もちろんどこでやろうと私は構わないと思うのですが、ただそれをちゃんと意識して、それなりに力を入れてですね、真剣に考えて権利化してくれるという仕組みが大事だと思うのです。それが外にいようが中にいようが、そういう能力がある人が、ちゃんと力を入れて権利化する、そういう仕組みづくりが大事だと思います。これは、外の事務所の先生と企業内の担当者とで、どうやって役割分担して行動するかという問題で、今でも一番大きな問題だと思うのです。一番大事なのは情報の共有なのですよ。

しかし、知財部門の人が、情報を制限することによって事務所に対する優位性を示す、自分が偉いのだということを示したがる人もいるわけですよね。これは決して良くないと私は思う。だから、情報が共有できれば、むしろ外の人で能力が高い人が多いわけですよね。問題は情報の共有ができてないから、いくら固有の能力があっても、会社の意図するような権利が取れない。ここに一番大きな問題があるのです。やはり、内外どちらがいいかというよりは、情報を共有できる環境をつくれるかどうか、これが一番基本の問題だと思います。そうなると、やはり外の人は信頼感を得ないとなかなか会社が満足してくれるような仕事はできない。そこまでの機密情報を全部示してもらうということはなかなかできませんよね。ですからやはり、外にいる人はそれなりに信頼感を得るような関係をつくっていかなければならないでしょうね。

富岡…切磋琢磨の相互努力が必要になってきますよね。

丸島…そうです。本当にそうです。だから、一朝一夕でできるものではなくて、ある意味、長年の信頼関係でそういうことは全部感じてくるということになるわけですよね。でも、実は社内においても同じなのですよ。社内の知財部門にいても、技術部門から信頼されなかったら情報なんてきません。だから中にいたって同じなのですよね。外にいても同じでしょ？　要は、社内の壁を越えて、そういう技術部門なり研究部門から情報がパッパッとくるような信頼関係、そういう関係がやっぱり一番大事なのです。これは技術情報だけではなくて事業情報もそうです。そういう情報がみんなツーカーで入ってくるような信頼関係、人間関係、そういう関係をつくっていくことが一番大事だと思うのです。結局、誰のために仕事しているのかといったら事業のためなのです。事業のために仕事をしていれば、みんなそういう関係になっていくのですよ。

富岡…そこに情報が集まってくるわけですね。

丸島…そういうことです。それを、自分のための仕事をやりだしてしまうと、絶対にそうはならないと私は思っています。

脅威を与える権利行使

富岡…では、実際に権利行使する場面において、先生が一番留意されていたのはどういうことでしょうか。

丸島…視点がいくつかあるかもしれませんが、やはり、脅威を与えられるものかどうかというのが一番基本になるのですね。そうすると、こちらが権利行使するとしたときに、特許で相手がどのくらい脅威を感じるのか、まずそれを評価する必要があるのですね。

例えば、相手の事業規模はどの程度か、設計変更ができるかどうか、こちらの権利存続期間はどうか、それらからみて相手がどれだけ打撃を受けるのかということを、真剣に、かつ、公平に評価しなければダメで、これが一番大事だと思います。もしもすぐに設計変更されてしまうようなものだったら、これは攻撃をかけても本質的な脅威を与えない。せめて過去分の問題だけですよね。過去分だけというのは、経営者はあまり脅威を感じない。やはり設計変更できないというのが一番の脅威なのです。

富岡…設計変更できないということは、設計変更したとしても自分の特許の範囲に入ってくるということですよね。

丸島…あるいは、避けられたとしても競争力がなくなる場合ですよね。そのくらいの強力な権利を持っている場合はいいのですが。しかし、権利行使というのは、やはり1件でやると必ず反論がくる。この世界は専門家という人ほど反論が好きです（笑）。ですから1件で解決しようとすると、まずなかなか解決できない。そこで私は複数件の特許で攻める。これが一番効果的なやり方ではないのかなと思います。

話し合いのときはもっと、複数件じゃなくて数十件を対象にしますけどね。そのほうが話し合いはしやすい。ですから、どういう目的で権利行使するのか、例えば、自分の弱点を補うためであれば、まず攻撃をかけて話し合いで妥協のときに自分の弱みを補うようなクロスライセンスをしてもらう。こういうときは、できるだけ多くの権利を相手に話し合いで持っていく。また、先程も申し上げたような一番シビアな場合には、これはライセンスを出せないわけですから、やめてもらわなければならない。こういうときは、それほど多くの権利を使う必要はなく、とにかく強力な権利でやめてもらう。それで話し合いがつかなければ、本当に権利行使して止める。それだけのメリハリをつけて使うわけです。

自社特許の有効性

富岡…権利行使をする状況を想定しますと、相手からは必ず抗弁ができますよね。その抗弁のなかには、例えば設計変更の話もあるし、先使用の抗弁、それから無効の抗弁もあるかもしれない。特に無効の抗弁というのは、一般的には権利行使を受けた側はまず最初に検討しますよね。そうすると、権利行使する側としては自分自身の特許の無効性というものを事前に検討しておく必要があると思うのですが、この点はいかがでしょうか。

丸島…それは当然やらなければならないですよね。特に最近の判決をみていますと、特許庁が登録しても裁判所で無効と判断されるものが出てきているくらいですから。昔からやはり、権利行使、特に訴訟をするというからには、仕組上もう一回調べなければダメなのですよ。すなわち、特許庁の審査では特許庁のデータベースでしか先行技術をみてないわけですから。

そういう「斬った、張った」の勝負になったときは、必ず相手方はもう全世界から先行技術を探し出すのですよ。そのくらいのことを想定して、やはり自分なりにちゃんと調査しなければならない。

確かに、最初にこちらがジャブを打って、相手の出方をみながら、どのくらいの無効資料が集まってくるだろうかと様子をみながら、本番の訴訟へ向かっていくというやり方もあるでしょう。でも、それはちょっと、実際のアクションをとりながらの動きになってしまいますから、私は、権利行使しようとしたら真剣に先行技術を調査しましたよ。これはやはり、その特許の本当の価値を確認しないで権利行使することはできないからです。要するに、もう一つ大事なのは、拳を上げて引っ込めるというのはダメなのです。だからいったん拳を上げたら絶対に引っ込めない。この姿勢が必要なのですね。これは業界の評判にもなりますし。権利行使ということは拳を上げることですよね。拳を上げて、何もできなくて引っ込めたら、業界の評判はすごく落ちて、あの会社は弱い会社だという印象を残します。そういう意味で、私は拳を上げたら絶対に引っ込めない。絶対に勝つ、という前提でやっていました。

富岡…だから勝てるようにちゃんと環境を整えてから拳を上げると。

丸島…そのとおりです。拳を上げた以上は勝たなければならないから、そんな安々と、検討もしないで拳を上げることはしなかった。これは大事なことだと思います。

権利行使を受けた場合

富岡…そうすると、逆の立場で、相手が拳を上げてきたときのキヤノンさんの対応というのは、何を第一に考えられたんですか。

丸島…これはやはり相手をみますよね。相手が同業なり、事業をやっていればですね、まずは相手に対して攻める材料を考えます。1件、あるいは何件の特許か分かりませんが、相手から攻められたときは、まぁ、攻められて初めて知るようでは普段の仕事がちょっとまずいということになるのですが、同業であれば、相手との関係を常時みていますから、相手がパンッときたら、それに対してこちらにどのくらいの強みがあるかということは常に分かっていなければいけないですよね。

同業でしたら、黙って攻められるだけということはまずあり得ないので、絶対に攻め返しますが、ただタイミング的に先にやられてしまったことについては、こちらに何か瑕疵があったということですよね。だからそういう意味では、不利な要素を持つかもしれないけれども、必ず、相手の事業に対して攻撃をかけられるだろうという視点でかかります。

ただ、異業種とか、事業をやっていない個人とか、こうなった場合は必ずしも、こちらの知的財産を活用できるとは限らない。しかし、相手が事業をやっている限りは、必ず相手の事業と自分の知的財産の関係を徹底して検討しますよね。

それと同時に、相手が攻撃をかけてきたら、1件そのものに対する反論もいろいろ考えます。先程申し上げたように、有効性はもちろん、それから、回避策、すべて考えますよ。それらを全部検討したうえで評価をして、どの辺で解決しようかというある意味でのネゴをつけますよね。

それから相手がどういう狙いできているかにもよるのですが、お金欲しさできているのか、あるいは事業を止めるためにきてるのか、これが一番大きなジャッジになるわけですよね。だから、事業を止めるためだと思ったら、これは絶対お金で解決できないので、どこまでも権利を回避するか、つぶすか、あるいは相手の事業にそれ以上の打撃を与えるか、もう、それしかないわけです。その辺はもう必死な活動になりますよね。

権利行使≠裁判

富岡…よく権利行使という言葉を使う場合、権利行使イコール裁判手続き、裁判の提訴と考える方がいらっしゃいます。しかし、権利行使というのは、基本的には先生が先程おっしゃったように、拳を上げること、相手に対してあるモーションを起こすことですよね。決してそれは裁判手続きを目指したものではなくて、あくまでも、どこかで着地点もしくは和解的なところを目指す。これが権利行使の第一の考え方と理解してよろしいでしょうか。

丸島…本当にそのとおり。要するに裁判までいかないで目的を達成するのが一番効率的なのですよ。それは予見性のつく戦略になると私は思っています。

　逆に言えば、それが戦略的に組み込めるだけの相対的な知財力を保っておくということが大事になってくるわけです。権利行使イコール裁判所ということではありません。大体、お金で解決するようなことを裁判所に持っていくなどということは何たることだと私は思っています。裁判所に行くのは相手の事業を止めるときしかない。現に私は止める目的以外で裁判所に行ったことなどないですよ。お金をもらうだけだったら別に裁判やらなくてももらえますから。相手がお金をとろうとして裁判を起こし、自分が被告になったことは結構多いですけれど……。

米国は特にゼスチャーですから。米国の場合は、印紙代もいらないから簡単に裁判も起こせますので。日本の企業はあまりそういうゼスチャーみたいなことで裁判を起こすのは好きじゃないですから。話し合いで事業をやめてもらったことも何回もあるくらいです。お金をもらうのに裁判所なんて行きたくないですよ。

交渉を担当する部署

富岡…話し合い、ネゴシエーションについて二つお伺いしたいことがあります。まず、ネゴシエーションをするための資質のようなものがあると思うのですがいかがでしょうか。また、その役割を果たすのはどこが一番だと思ってらっしゃいますか。

丸島…どこにするかという点では、私は知財部門だと思いますね。知財部門は全社の技術を把握し、全社の知的財産を把握できている。結局、この技術と知財の両面からみて、やはり知財部門が関与していくのが一番理想だと思うのですよ。ただ、このときに大事なのは、カンパニー制とか事業部制というのが敷かれている会社においては、ネゴシエーションをする人はそのカンパニーとか事業部を超越して、全社戦略がとれるような立場で普段から徹底してないと、私はコーポレートレベルでの交渉ができないと思うのです。ですから、知財が一番適していると思うし、知財でも、一事業・カンパニーに属しているのではなくて、コーポレートレベルで全社的な把握ができている人でないと、なかなか難しいのではないのかなと思いますけれども……。

富岡…前章でのお話にもありましたように、大企業のなかでコーポレートレベルでみれる人というのはなかなか人材的には難しいけれども、中小企業はまさに社長もしくはCIPOがそれを担っているわけですよね。ネゴシエーションについては、別段、中小企業と大企業とであまり違いはないと考えてよろしいのでしょうか。それとも何かそれぞれの特殊性みたいなものがあるのでしょうか。

丸島…全体を把握できるわけですから中小企業のほうがはるかに強いですよ。一本になりますからね。ですから、組織が大きくなって、しかも、カンパニー制、事業部制が徹底しているところほど、全体のことが把握できてないですから、ここを突かれたときの弱さというのは非常にあるのですよね。組織の大小で強み弱みが決まるのではなくて、現実にですね、全体がみえているというのは知財の場合は非常に強みなのです。そういう意味では、私は大企業のほうがむしろ不利で、中小企業のほうが強いと思うのですよ。ただ問題は、交渉能力という点でどうか……。特に米国のベンチャーの社長にはすごい人が多いのですけれど、要するに経営・技術・知財みんな自分でできるのですよね。こういう人は本当に強いと思います。ただ、日本の中小企業の社長がそういうことを、一人三役できる人がいればいいのですけども、それはなかなか難しい話になるのかもしれません。

日本の場合、中小企業の社長は技術はもちろん強いでしょう。経営能力もあるでしょう。しかし、知財という点では若干弱いところがあるかもしれません。一般論の話ですけれど……。

富岡…弱いというのは、理解がないということですか。

丸島…そういうことです。要するに揉まれていないのです。その生い立ちからして、今まで日本の場合は特に国内で事業をやってきた人たちというのは、それほど荒波にさらされてないですよね。本当の意味での知財の怖さ、本当の意味での知財の優位性、そういうことに対してあまり関わる場面がなかったのでしょうね。それでも、なんとか仕事ができてきたということなのだろうと思うのです。そのためにあまり関心が持たれてないわけじゃないですか。いま知財立国といわれて、本当に知財が表にたって何かやろうとしたときに、そういう一夜漬けではなかなかうまくいきませんから、そういう意味でちょっと欧米の社長に比べると劣るところがあるかもしれません。知財の面はですね。ですからそこを何とかしなければならない。自分でできなかったら、いい参謀を見つけることにする。信頼できる本当にいい参謀を見つけて、分身として動けるような、そういう人を見つけるのが一つだと思います。あるいは自分で努力してそういうことを身につけるか、どちらかですよね。

交渉担当者の資質

富岡…キヤノンさんではネゴができる資質をどうやって育成されていたのですか。

丸島…これは本当に難しいです。どういう人が向いているかといってもですね、なかなか見分けがつかんのですよ（笑）。やっぱり、仕事をしていて、段々、段々いろんな仕事をしてもらって、その人の能力をみていくよりしようがないですよね。やはり一番大事なのは、気概を持つかどうかなんですよ。もう、意識の問題ですね。これがね、大変なのですよ。意識を持たない人にやれといったって、いくら頭が良くてもダメですよ。

富岡…それを好きであるということとはまた違いますか。

丸島…好きにさせられれば一番いいですよね。やはり仕事として自分がそういうことをしなければいけない、という意識を持てるかどうかです。大変なのですよ、はっきり言って。本当は、私は一番面白いと思っているのですが、その領域に入っていく人というのは、本当にしんどいですよ。ただ、面白いのです。入っていけたらですけれど。だけどそんなに無理をしてまで面白い領域に入りたくないっていう人もいるじゃないですか。本当は面白いのに。

我々の年代というのはみんなその領域にいきたかったのですよ。

富岡…それを乗り越えることに気概があるみたいなところがありましたよね。

丸島…「なぜそんな競争をするの?」とか「何でそんなにしんどいことしてまで?」という疑問を持つ人が増えてきたようですが、これではいくら頭が良くても交渉にならないですよね。交渉において一番大事なのは、扱っているものが自分の財産ではなく会社の財産なのだということです。会社の財産だから大事なのだという意識を持たない限りは、本当の交渉はできないです。自分の財布のことは一生懸命考えるけれど、会社のお金だったらいいのではないかという人だったら真剣な交渉はできませんよね。つまり、一声で何億、何十億違うかもしれないのです。そのくらいの仕事になるのですよね。これを会社の金だからいいやと思っていたらそんな交渉しませんよ。攻めている立場のときは安易に妥協してしまうでしょうし。だから頑張ってとことん対応していくというそれだけのことが本当にできるのだろうか。局面では辛いですよ。知恵も使いますしね。だからそれに耐えられるというか、そういうことが言ってみれば職業として好きだという領域に入ってくれないと、本当の意味の頑張りはできないと思うのですよ。だからまずはそういう人かどうかというのが一番大事なのじゃないでしょうかね。

富岡…キヤノンさんの場合は知的財産法務本部という大きな組織があることは伺いましたが、一方、私の経験で、ある会社さんでは特許渉外課という組織があって、いわゆる渉外、ネゴシエーションですよね。渉外を専門にしている部門の長の方が出てこられたことがありました。その特許渉外課という組織はまさにネゴを専門にする集団ですよね。キヤノンさんの場合はそういう組織をつくろうという意図はなかったんですか。

丸島…いまは渉外課という名前はあるかもしれないですけど、私は渉外専門というのは、あまり考えなかったですね。なぜかというと、別に渉外だけやっていればいいという問題ではないからです。要するに、ケースというのはサイクルを全部分かってないとダメなのです。だから一番大事なのは、創造サイクルと事業サイクルの両方が分かって対応がついていないと、ネゴシエーションというのはできないのですよ。だから表向きの看板はいいとしても、本当にそういうことを知っている人がそこにいるのかということが一番重要なことだと思うのですね。

私はそういう専門の渉外課というよりは、いかに多くの連中に、そのサイクル全体を普段の仕事のなかでみてもらうか、というところに力を入れてきました。渉外担当の人と連携して、絶えず渉外ができるようにしていくというのがいいことじゃないのでしょうか。またそういうサイクルの仕事を知っている人たちが、渉外の仕事に入っていけばいいのであって、それこそ、一人の人が、事業サイクル、創造サイクル両方をみて仕事ができるということでやりがいにつながってくるのです。これが、全サイクルをみてないと先程申した頑張りが出てこないのですよ。やはり事業にほれ込まないと、やる気というのは出てこないのです。

富岡…それは自分自身の今あるポジション・位置付けが分からない、というところにも関わってくるわけですね。

丸島…そういうことです。事業のサイクルを全部自分がみているのだという意識がない限り、頑張ろうという気持ちが出てこないですよ。ただ権利化だけやっているのだとか、私は交渉だけやっているのだとか、これは成り立たないのですよ。私はそう思いますよ。

あとは、どういう資質が大事かといったら、やはり論理性は必要ですよね。これは、特に交渉がそうですけれど、契約につながってくるじゃないですか。これが連動しないといけないのです。一貫性が大事なので、しょっちゅう方向転換するというのはダメですよね。一貫性を保つということは、長い交渉のなかで先を読みながら、ぶれないようにもっていかなければならない。ぶれたとしても、大きなカーブです。それで勝ち抜かなければならないということは、やはり、相手をみて先を読みながら話を進めていけるという人じゃないとダメですよね。その時その時、その場限りでパッと動いてなんとか勝とうとしても絶対ダメですね。

富岡…それが、いわゆるタフネゴシエーターの一つのファクターになるわけですね。

丸島…そうですね。テーブルを叩くのがタフじゃないのですよ（笑）。それは誰でもできる。米国ではタフだけじゃなくて、「フェア」というのが付くと本当に尊敬されるネゴシエーターなのだそうです。ただのタフというのは手前だけふんだくる。やはり、ネゴシエーションというのは、ある程度相手の立場も考えてあげるという要素がないと、いい気持ちで終われないですよね。その辺は大事なのではないですかね。それは別に、不必要に譲歩するという意味ではないですよ。

富岡…落とし所が分かっているということも重要になってくるわけですね。

丸島…そうです。だから結局、交渉において今どのくらい会社に重要な意味がもたらされているかという評価がまず自分でできないといけないのです。大体、お金のほうじゃなくて、特許のネゴ、技術のネゴというのが絡んでいますから、相手かららもらう特許・技術に対して、うちにどのくらいのメリットがあるか、これが評価できなくてはならない。だから、出すものと、もらうものとの関係で、どのくらい自分の会社が利益を得るか、その見通しがたっていないと、交渉を収めるということができないですよね。そこが一番大事だと思います。

単にいくら金をとってこいという交渉だったら楽なのです。大体、話ではお金も出てくるのですが、本当の狙いは技術なのですよね。ですから、お互い何が欲しいのかということを出さないで交渉していくわけですから、相手が何を考えているのかというのをどのくらい見通せるかが勝負なのです。これは、相手の会社の現行事業だけじゃなくて将来事業も含まれているわけですよね。そういうところまで見通さなければならない。これが難しさなのですよ。ですから、そこまで読んで、ちゃんとタイムリーに手を打った交渉というのは、後々ものすごく事業に貢献してくれるのです。これは事業部門からしたら、本当に感謝するのですよ。その仕事が一番大事なのです。

だから私は、仕事の集大成がネゴシエーションであり、契約だと思っているのです。だから面白い仕事だというのは、今まで自分がやってきた全サイクルをみて、一生懸命手を打ってきた集大成が交渉、契約なのですよね。全部自分でやってきたものを自分で交渉して、契約までもっていけば、「やった」という達成感があるじゃないですか。これが知財の醍醐味ですよ。だから、そういうことができるように、普段から環境をつくってあげることが、全体に対するやりがいを持たせるという意味では大事ですね。環境がないとやろうとしてもできないですから。少なくとも頑張ればできるのだという環境をつくってあげること。これが絶対に大事ですよね。

知財に対する時代の認識

富岡…私も昭和54年にこの特許の世界に入らせてもらって、そのころというのは、まだ特許屋さんというようないわれ方をされていて、何ていうんでしょうか、技術開発もできなくなった、設計もできなくなった、じゃあ特許にでもいって公報でも見てなさい。というような冬の時代と呼んでいいか分かりませんけど、そういう時代がありましたですよね。それから徐々に、特許というのは企業の一つのファクターになる部門なんだ。次に、儲かるとは言い過ぎかもしれませんけども、ある利益に貢献する部門なんだ。そして、近年ではまさに戦略的な部門なんだということを、年を追ってそのポジションを一つひとつ上げてきているんじゃないかと思えるのですが、先生はどういうふうに感じておられますか。

丸島…そうだといいなと思いますけどね（笑）。いや、果たして上がっているのだろうかと……。いや、今むしろ、いろんな見方があっていいと言えばいいのかもしれないけれど、我々の時代というのは、あまり評価はされませんでしたが、ただ、純粋であったと思うのですよ。やっぱり知財というのは事業を強くするためにあるのだと。「知財転がし」でお金を稼げばいい、という考えはなかったわけですよね。ところが今は、一方で事業のための戦略的な知財というものと、一方では

資産として、知財そのものを転がせばいいという考えの人が結構出てきたので、言ってみれば最先端の状態をみていると、どっちが大事なのかといったとき、必ずしも全員が事業を強くするためとは思っていない時代じゃないかと……。

知財をみている人が増えたというのは事実だと思います。だから私は、資産として活用してお金に転換していくというのは、悪いとは言わないけれど、そういうのはあまり興味がないものですから、そちらのほうはもう付き合いはないですけども。知財は事業に対して貢献していく、事業を強くしていく、その結果としてお金が付随する。事業のために知財を活用するというほうが、オーソドックスといえばオーソドックスだと思うのですよね。

富岡…それは昔も今も変わらないと。

丸島…変わらない。ただ知財に対する認識の度合いが徐々に上がってきたというのはおっしゃるとおりだと思います。それで、そのままいくのかなと思っていたら、もうそんなの古いよと。もう、ものづくりなんてしなくていいじゃないか、知的財産だけあればいいじゃないかと……。そういうちょっと誤解をする人も出てきているような気もするのですよね。

大体、ものづくりのないところに知的財産なんて絶対にないのです。一時は存在しても、すぐになくなってしまう。知財は有限の財産ですから、永遠に栄えるわけがないのですよね。ですからやっぱり研究開発とセットになっていかない限り、継続的に知的財産というものを生み出していくことはできないのです。人から買ってきて、絶えず買ってきて、それを活用してやっていくというやり方もいま流行っているのかもしれませんけれど、私はそういうものにはあまり興味はありません。

まぁ、そちらのほうがお金は儲かるのかもしれませんけれど。ただそういう考え方が随分出てきたのは、ここ10年くらいの間じゃないですかね。それを良いとするかどうかは別としまして……。

富岡…やはり先生の基本にあるのは、知的創造サイクル、事業のサイクルのなかで事業のための知財をどういうふうに発揮していくか、ということですよね。

丸島…それが仕事として面白いですし、やりがいもあると思いますけどね。

第3章

企業における知財人材の育成

知財人材の育成「やる気を持たせる」

富岡…では次に、人材の育成についてお話を伺いたいと思います。まず人材の資質うんぬんとは別に、企業として育成をどのように考えていけばいいのか、例えば、仕組みとか組織とか制度とか、いろいろとあると思うのですが、そういった環境面も含めて、先生のお考えをぜひお聞かせください。

丸島…まず一番大事なのは、やる気を持たせることだと思うのです。それで、やる気を持たせてその気になったら、次に、仕事ができるような環境がないとやはりダメなのです。ですから、やる気を持たせたうえで、そういう人たちが働きやすい環境をつくる、これが両方必要だと思うのですよね。

私自身がどうやって育ってきたかというと、結局、環境が良かったのです。要するに今みたいに知財、知財と騒いではいないけれど、自分から進んでやろうと思ったらいくらでもできた環境にいたのですね。技術部門に入っていこうとしたら入っていけたし、自分から進んで何でもどこの部門でも入り込んでできた。誰とでも議論できた。当時は私があまりにも開発部門に入り込むので「現住所は開発で本籍が知財」という感じでした（笑）。そのくらい入り込んでやっていましたからね。そういうことを平気でさせてくれていたわけですよ。

まぁ、小さな会社だったころですよね。ですから、組織があっても組織がないのと同じで、人と人とのつながりでほとんど仕事ができた時代です。そういう時代に生きてきたものですから、ある意味では環境が良かったのですよ。自分でやろうと思ったらいくらでもできる環境が形成できたので。

そういうなかで、やはり振り返ってみると、教育をされていたんだなぁと思うのは、技術部門の最高責任者の鈴川さんという方が「将来は特許とデザインが大事になる」とおっしゃったのです。１９６０年ですよ。この一言ですよね。周りの人は、特許なんてあまり価値観を持ってない人がほとんどでした。でも技術の最高責任者が私に向かって言ったのが「将来は特許が大事になる」でした。この一言がやる気を持たせてくれたのです。

それともう一つは、私が部長になる前のことですけども、随分問題を出されてですね、宿題ですよ。それが、会社にとってどうしたらいいか考えよ、という問題なのです。現実の問題もあるし、架空の問題もあったでしょうけど……。それまで私は事業のためというのは思っていましたけど、会社にとってどうしたらいいのかという問題だったのです。事業ではなくて会社というのは全体です。全体的な視野でものをみるように仕向けようとした教育だったのだということは後に分かりました。会社としてどうしたらいいか考えて来いというのは会社の全体を知らなければ答えられないですよね。例えばカメラ事業だけではなくて他の事業も含めて、会社の全体からみてどうしたらいいか考えるということでしょ？　と同時に、どうしたらいいかということは、相棒、すなわちライバル会社がいるわけですから、ライバル会社、業界のことも知らないと答えが出ないのです。そういう宿題を随分継続的に出されて、これはもう教科書なんて全くないですから、自分で考えるよりしようがないですよね。ものすごく苦しかったですけど、考えて自分の回答を持っていくと、一つも褒めもしないし怒りもしないのですよ。また次の問題が出てくるのです。それの繰り返しが2年くらい続きました。

富岡…長いですね。

丸島…長いですよ。問題によっては回答期日が明日までというのもあったし、1週間、1カ月という長いのもありました。それが2年くらい繰り返されましたね。それで、最後に鈴川さんと同じような考えができるようになったから、部長にしてあげると言われて……。結局、部長になるための試験だったのかもしれないですよね（笑）。でも、振り返ってみると、あれが一番の教育だったのですよ。

思えば、非常に自由な環境でした。課長とは入社した当時から議論しましたし、新入社員のくせに生意気だと思った人もたくさんいたかもしれないけれど、議論を激しくやりました。雰囲気がすごく良かったのですよ。そういうなかで生きてきて、自分でやる気を感じて、突っ込んでいきましたから。自分がそういう人間でしたから、今の若い人たちに対しては、やはり、そういう状態をつくってあげるのが我々の仕事だろうと思うのです。私が入社した時のような、小さな会社じゃなくて、もう出来上がっていますとね、組織的にはすごく大きいですよ。ですから、そういうでかい組織のなかでも、壁を取っ払ってどこにでも行けるようにしてあげようと。というのは、先程も述べたように、サイクル全部を担当するのですから。担当技術はある程度限られますけど、担当した技術に関しては、会社のどの開発部門でも研究部門でも、出入りできるようにしてあげたのですよ。そういう仕事の場面、環境を整備してあげること、これが大事だと思います。

それと同時に、意識を持たせる。これがやっぱり大事だと思うのですよ。この仕事は重要で大変なのだと。最初は苦労ばかり負うのです。技術系で技術の仕事にいく人というのは、どちらかというと学校で学んだ延長線上でいけるじゃないですか。ところが、知財をやっていて知財にいくという人はほとんどいませんでしたし、大体は、技術系をやってきて知財にいくというと、別のジャンルになるわけですよね。今は随分、知財で知財という人もいるかもしれませんが。

知財では、技術と法律と語学が必要だというと、どれか一つは勉強してきたから、あと二つは新たに勉強しなくてはならない。そうすると、入り口がすごく広がってしまうのですよ。新入社員ですからね。そして、これができないと前へいけないのですね。他にこんな部門はないだろうと思いますよ。入り口がものすごく広くて、抵抗を感じるはずなのです。

この抵抗感をなんとか和らげてあげなければならない。みんな大変なのだ、だから入って1年、2年、3年なんていうのは面白さがないのだと。5年たってようやく面白さが出る。10年たったら本当に面白い仕事ができる。ということで、10年先に希望を持たせる。新入社員で知的財産に入ってきた人に対しては、そういう話を毎回やってきたのです。新入社員にはむしろ本当のことを伝えてきたのですよ。その中から何人かが本当にやる気を持って成長してくれれば御の字です。全員がというのはこれがなかなか難しい。それで、10年たって「いや、本当にそうでした」と言ってきてくれるのは嬉しいですよね。だから先程も申したように、事業のために仕事をする、発明者のために仕事をするということが嫌だという人もいるのですよね。そういう人は向いてない。いくら頭が良い人でも、そういう考えの人というのは知財には向かないです。前提としてはやはり、発明者のため、事業のため、会社のため、という考えを持ってくれる人でないと。あとは、なんとかやってやろうという気概を持ってもらって。そこまでくれば、あとは環境をこちらで準備すれば、結構成長していくものなのです。だから、よく「いろんな部門にローテーションをかけないとなかなか成長しない」などといわれますけど、私自身がローテーションされてないのですよ。知財の場合、社内でローテーションかけない人のほうが、やはり成長するのです。自分で仕事に必要なことは進んで必要な部門に行き、必要な情報を得てくるのですから。

富岡…それは人事でローテーションしないだけの話であって、自分自身は自分の仕事のなかでローテーションしてるんですよね。

丸島…そういうことです。だから、自分の意識さえあれば、そういう目でいろんなところへいって、その部門の立場でものをみるようになるのです。だから決して、人事的なローテーションが必須の要件とは私は思わないです。本来、ローテーションかけられたって、そこで機械的に仕事をしていたら、何も得るところがないのですから。要するに本人がいかに、仕事をするために必要なところと連携をとって動くか、そういうことが大事ですよね。

それから、相手の立場でものをみるかどうか。やはり、相手の立場でものをみる、というのが知財の場合すごく大事だと思うのですよね。相手というのは社外に相手がいるわけですけど、社内にだって相手はいっぱいいるわけです。実際の対外的仕事になると、みんな相手がいる。しかも、相手と自分の利害が対立する場合が多いですよね。こういう仕事なのですから、相手の立場でものをみることができるということが非常に大事なのです。それで、自分がそれに対してどう対応しようかという双方の視点でものをみるような、そういうものの見方というのが身についてこないと、なかなかうまい仕事ができないわけですよ。

自分勝手な視点でものをみていると、仕事というのはうまくいかないと私は思います。先程、権利行使のところで述べましたが、やはり、一時は本当に相手の立場に立って真剣に検討するということが必要なのです。実はそれができるかどうかで既に勝負は決まっているのかもしれない。身びいきで、自分が正しい正しいと思っている人ほどすぐに拳を上げるのですよ。で、すぐ下げるのです（笑）。社内検討を余程慎重にやらなければいけないと私は思うのです。だから環境づくりですね。組織が大きくなると大変なのですが、それでもうちの会社の場合は、歴代の社長が知財に対して理解がありましたし、私も頑張ったとは思うけれど、よくつくれたと思いますよ。

キラリと光る人材

富岡…先生の目から若い人をみたときに、例えば、キラリと光る「おっ」という人材は分かるものなんですか？

丸島…なかなか分からないですねぇ（笑）。私自身だって、若いころ誤解されたこともありますから。私はものすごくダイレクトに表現しますでしょ。ですから、当時の人事部長からは、私は交渉なんてできないと言われていたらしいです。でも先程述べた技術の責任者が私に交渉やってこいと言った時、ほどほどに交渉をまとめてきたものですから、人事部長が驚いて「あいつに交渉できたのか？」という話になったのですね。社内で活動しているところだけみていると、かえってそれがすべてだと思ってしまうこともあるのですよね。でも私は社内で駆け引きはやってないのです。社内の駆け引きは無駄。駆け引きは外でしろと。社内で駆け引きをやっているような人間は、外でむしろ駆け引きできないで負けているのではないかと……。

それはさておきまして、やはりこれはちょっと見抜けないですよ。大器晩成もいますしね。入社してすぐ、こいつがこうで、こいつがこうと色分けできるほど分からないですね、この仕事は。うちでいい権利化をして、本当に貢献したある人物は、最初はグズグズしていて、煮え切らない野郎だ（笑）ということで社内ではむしろ評判が悪かったのですよ。ところが粘り強くて、最後は結局その人物が仕事で一番いい権利化をしたのです。じゃあ、彼が全サイクルで適した人材かどうかというのは別です。ただ、権利形成というところでは飛び抜けていましたよね。だからそれでもいいのですよ。交渉が下手でも、権利形成でずば抜けていれば、それでもいいじゃないですか。それで権利をまた活用して誰かが交渉するということでね。

だから別に全部ができなければいけないというわけではなくて、どこかずば抜けていればそれなりに評価してあげるということも必要だろうと思います。環境としては全部できるように、一応は全員に対して公平に与える。そこから、どういうところで頭角を現してくるか、これはやはり人によって違ってきますね。

明細書を書くのが嫌で、中間アクションというと逃げて休んでしまう人がいたのですけれど、いつも同僚に迷惑をかけてね。でも彼は発想だけは素晴らしかった。だから知財よりもむしろ開発にいって、開発側からみて出願戦略をやらせたのです。素晴らしい発想なのですよ。ところが自分で明細書を書かない。書けませんと言って逃げちゃうのです。そういう人もいるのですよね。やはり特性に合わせて、途中からでも、いいところを生かす仕事を与えるということも必要だと思うのですよ。一芸に秀でるような人材が出てこないとまずいですよね。

知財の仕事は「緻密性と大胆性」

富岡…やはり教育、育成というのは、長い目でみるということが必要なわけですね。

丸島…これはですね、本当にいくら焦ってもそんな短期でできるようなものではないですよね。もう、奥深いし、幅広いし、短期でやれといわれたって無理ですよ。だからやはり何年かかかるのですけども、その間ずっとみていれば、大体、この人物はどういう特徴があるかというのは分かってくるものなのです。

あまりズボラすぎても契約に向かないですし。やはり論理性があるかどうかというのは随分影響します。知財の仕事というのは、緻密性と大胆性と、相反する性格が要求される仕事なのですよね。全部やろうとするとですね。それを全部、一人でこなせる人というのはなかなかいないのですよ。

私は仕事上の性格は変えられる、という主義でやってきたのですけど、もともとはものすごくラフな人間なのです。ところが仕事になると意外と緻密になるのですよ（笑）。これは職業病だと自分で思っているのですけど。ある時、ガソリンスタンドで自分の車がぶつけられたことがありまして、「直しますから委任状書いてください」と言われて、白紙委任状をその時は出しました。しかし、会社の仕事だったら絶対に白紙委任状なんて出しませんよね（爆笑）。

プライベートだったら、ガソリンスタンドを信用して「あぁ、いいですよ」と白紙委任状を出しますけど、仕事では絶対そんなことしません。仕事とプライベートの区別が明確にできている。自分のお金だったら自分の責任でやればいい。会社のお金、財産なのですから、ちゃんとしなければいけない。この気持ちが非常に大事なのですよ。

知財は技術屋か特許屋か

富岡…以前、私が関わったあるメーカーさんで、知財のスタッフとマネージャークラスの人たちの間でよく議論が起こるんです。大体、メーカーに勤める方というのは、技術系で、やはりメーカーの製造に関わりたい。例えば、自動車メーカーの方だったら自動車を設計したいとか、つくりたいとか開発したい。キヤノンさんの場合だったらカメラをつくりたいとか、電子機器をつくりたいですとか。

そういう生産ということに対して技術者としての生きざまを出そうとしてるなかで、新人採用で知財に配属されてしまった。そのときに、そのマネージャークラスの人と知財スタッフがいつも喧嘩になるのは、マネージャーが知財スタッフに対して、「技術者であることを忘れろ」という場面なんですね。それに対して彼らは猛反発して、「いや、オレたちはそうじゃないと思う」というわけです。

丸島：複雑ですね。現在は知財部門に配属になる人はみんな希望して入ってきていると思うのですよ。我々の時代は誰も知財なんて知らないわけですから知財を希望して入る人なんていなかった。

当然、技術系だったら技術に携わろうと思って入ってきて、配属の時に知財だと知らされて仰天するわけですよね。私自身、何にも知らないで知財に配属でした。ですから、知財を希望したのでも何でもない、当然、技術系にいくと思っていたら知財だと言われて、しかも、実習の途中で言われたわけです。先輩が辞めてしまうので誰もいなくなるから来いと。途中で知財だと言われても、知財なんて何にも知らない。4月に入社して7月いっぱいくらいまでが実習期間だったのですが、その途中で呼ばれて配属面接などもなく配属決定だという話で……。

私はそこから始まっていますから、希望するなんて状態ではなかった。だから最初は、技術をやりたいと言って課長と随分議論したのですよ。そうしたら、「次に人が入ってきたら換えてあげるから待て」と言われて（笑）。本当にそうだったのですよ。2年後にひとり入ってきたのです。それで、換えてあげると言われたのですが、その時にはちょうど新しい製品研究課ができて、複写機も含めて新規事業のためのですね、そこへいき始めていたころだったのですよ。

換えてあげると言われたけれど、ちょっと待てよと。面白さがやっと出てきたのだし、今から技術にいっても2年のギャップがあるなと。だから、私は知財でやるとその時に宣言したわけですよ。課長が換えてくれると言ったのにいかなかった……。私が知財で生きていこうと決心した時の話です。それまでは換えろ、換えろと言っていたのですけどね（笑）。

恐らく当時の人で希望して知財にきている人はほとんどいないですね。それは確かです。でももう一つ、先程の上司の鈴川さんはいろんなことを私に言ってくれて、私が影響を受けた人なのですけれど、「何屋、何屋」というのはおかしいと言うのですよ。「たかだか、大学で2年やそこら勉強してきて私は何屋ですというのは何だ。会社に入って何をしたかで決まるのだ」と。それもそうだなと思ったのですよ。だから、「私は技術屋で」とか、「私は電気屋で」とか、決めつけるのはおかしいと。会社に入って何をしたかで決まるのなら、「私は雑用屋でございます」と言わなければならなくなってしまったのですけどね（笑）。

でもそれが真実だなと思ったわけですよ。要するに、たかだか2、3年学校で習ったことで自分を決めつけるというのは性急じゃないかなと思ったのです。だから、もっともっと人間というのはいろんな方向に行ける要素を持っているわけですよね。にもかかわらず、自分を殻に閉じ込めすぎているのではないのかなと……。それを鈴川さんが言ったことで感じたのです。それ以来、「何屋」とはあまり言わなくなったのですよ。要するに自分が会社のなかでどういうことをやってきたか、それで成長していけばいいのだということで。だから技術屋であるべきだとか、特許屋であるべきだとか、そんなことはあまり気にしなくなって、要するに、会社としての仕事、それをいかに面白くしていくか。

もう一つだけいえるのは、あの当時は会社にいる時間がほとんどでした。どうせ会社生活をやるのだったら楽しもうという気持ちがあったのです。仕事が面白くなかったら人生も面白くない。だから仕事の面白さを追求するというほうがむしろ大事だったのですよね。だからやりたい仕事をとにかくやりたかった。

それも随分大きかったような気がするのですよね。面白いからのめり込んでいってしまうし、時間も遅くなってしまうのですけど。でも、遊ぶ施設があったわけじゃないですしね、当時。やっぱり会社生活で面白くないと、人生つまらないと。だからそういう頭はありましたね。

富岡…それは今の時代でもそうですね。少なくとも9 to 5は会社にいるのですから。それを束縛ではなくて自分の人生における楽しさと感じられなかったら、やってられないというのは同じだと思いますね。

知財の組織を開発部門と同格に

丸島…私は下丸子の地区労との交渉責任者になったことがあるのですよ。本社が新宿にあったのですが。それで下丸子に組合の役員が来て残業規制の話を言ってくるわけですよ。下丸子の連中というのは多くは技術屋ですから。それで、「何を言っているのか。技術屋が仕事をしたいと思っている時に、やめろと言われることほど技術屋としてつまらないことはないのだ」と。それで組合役員は「そんなことは分かっていますけどあからさまに言わないでくださいよ」と（笑）。そういう会話も平気でやれるくらいだったのですよ。このままいってしまうとちょっとまずいですけど、みんな気持ちはそういうものを持っていたのです。

やっぱり技術屋というのは、要するに仕事をしたいと思った時にできるような人生が一番楽しいのですよね。強制でやらされるほど辛いことはないし、よくないけれども、自分から進んでやりたいというのにやめろというのは酷なのですよね。結局、技術もそうですし、特許もそうなのですよ。

熱が入っている時はやりたいのですよ。そういう意味で私は残業規制なんて一回もかけたことないですよ。昔は景気が悪い時もあったけれども、技術が原点なのですから、景気が悪いからといって残業規制をかけていたら、景気がいい時に効果を出せないで困りますよね。「全責任はオレが負う」と言って一切残業規制なんて私が長をやっている間は一回もかけたことないですよ。

それで、先程おっしゃったように、今は違うでしょうけど、当時は、優秀な人材は開発にまわされて、どちらかというとそうでないのが知財に、というと語弊があるかもしれませんが、多分そういう傾向がありました。しかも社内制度の身分職を得るのに試験があるわけですよ、社内試験が。それで、もしそれに受からなかったら大変なわけです。いかに開発並に知財の人間が社内試験に受かるか。これを随分努力しました。もし合格率が悪かったら、やる気をなくしますし、私が執行責任とっているのですからね。合格率が悪かったら配属権を渡すべきだと。そうすれば全部いい人材をとってくればいいのですから。配属権も渡さないでおいて、配属された後に試験で悪いからといって落とされたらあんまりだと。合格率を少なくとも開発と同じにしようと。

それから組織ですね。要するに、開発と事業と対等に仕事をするのだから、組織の大きさも同じにすべきだと言ったのです。部が一番大きいときには部です。次はセンター、それから本部。大本部になったら大本部ですけど、大本部というのはなかったですね。ですから、知財の組織を開発部門と事業部門と同様に、本部の組織までもっていったのですよ。

富岡：そうですね。先生は、知的財産法務本部長でしたよね。

丸島…そうです。その時の本部というのは最高の大きな組織です。そこまでしたのですよ。センターにした時は、よその大手電機メーカーの知財の人から随分言われましたよ。「いいなぁ」って。ある電機メーカーさんは部しかないから部長は一人ですと。大勢いても、みんなが部長にはなれないわけですよ。センターとなれば、センターの所長がいて、他に部がいくらでもつくれるのですよね。「いいなぁ」といわれましたね。

「おたくだってつくればいいじゃないですか」というと、「うちはダメなのだよ」と。こういうのは、すごく大きいのです。なぜかというと、知財の人は比較的若いですよね。しかし仕事になると結構重要な情報に接するわけですよ。例えば契約関係をやろうとしたら、大事な情報というのは事業部の結構上の人が知っている。どうみてもはるかに上の人ですよね。

開発でもそうですよね。そうすると、どうみても知財の人間より上の人と仕事をするチャンスが多いのですよ。それで、知財だけがもし開発部や事業部と異なる「課」の組織だったら、もっとやりにくいじゃないですか。だから少なくとも組織を対等にして、あとは位が下でも、そういう上の人と仕事ができるような環境をつくってあげないと仕事ができないのですよ。同僚で、自然に同期で仲間をつくっていく。これが普通はできやすいのですけれど、知財のほうはどちらかというと自分より上の人と仕事をするチャンスが結構多いのですね。それで、そういう人にも同程度にいけるような環境をつくってあげるというのはとても大事なのです。そうでないといちいち私が全部手配しなければならないですし、若い人材の育成にならないですよね。そういう環境づくりというのは、本当に人が想像する以上にやりましたよ。それは外からみていても分からないと思いますけどね。

富岡…いま先生がおっしゃられたことはよく分かります。確かにやる気につながると思います。

丸島…これは私がずうっとやってきたことなのです。これが環境づくりの最たるもので、そうさせたのは、やはり若い人材にやる気を起こさせたいと。相当な力になっているのですよ。

富岡…間違いないと思います。

丸島…それで結局、合格率も開発より良くなってしまったのです（笑）。それはいろいろ細工したものですから。「うちの人が落ちるといい仕事をしてあげられないかもよ」と（笑）。これは内緒の話で（爆笑）。もう、とにかくですね、合格率を上げたいと。また、開発も「知財は大変だからね」と言って仕事の重要性をみているわけですよ。そういうことだって平気で言えましたよね。

特許部は事業の味方

富岡…それは、知財が事業のために仕事をする、事業のための知財、という双方の関係がきっとあったからなんでしょうね。

丸島…それがあるからこそですね。これが反発し合っていたら絶対そんなふうにならない。「何を言っているのだ、手前のために仕事して」と。だから一番端的なケースがありまして、本社がお金を使い過ぎるということで事業部から大変文句が出たことがあるのです。それで、我々知財は本社に属していましたから、「そんなに本社がお金を使うなというのなら特許部をつぶそうか」と言ったのですよ。そうしたら「特許部は本社ではない」と事業部は言いましたよね。特許部は別だと。だから特許部は事業の味方だと思ってくれていたのですよ。そのくらい、実際は事業と密接に連携をとっていたのです。本社にいながら各事業とそういう関係を持ったから、それで全社の状況が把握できたわけですよ。

別のケースでは、本社部門を全部分党という指示が出された時ですが、事業部ができた時です。デザイン、光学、試作、品保、それから知財、全部事業部に分散しろと言われたわけです。それで、反対したのは特許だけでした。私は反対して社長にも上申しました。各事業部の責任者には「大体、何のために事業部に来いと言うのですか。自分が使いやすくするためですか。そんなことをしなくても、私はみんなのための仕事をしてあげますよ」と言って結局は本社に残ったのです。特許だけですよ。みんな分党したのに本社に残って一つにまとまってずっとやっていたのは特許だけです。結局後に、事業部に分散したものが戻ってきたのですけれども、経営会議で、「分けろと言った人がなぜ戻すのですか？」と質問したら、怒られましたけどね（笑）。「時代が変わったのだ」とか言われて（笑）。

先程の鈴川さんが退任後に褒めてくれたのは、そのことだったのですよ。要するに「お前は私の言ったことをちゃんとやってくれた」と。そういうことも全部、あの時は部長ですよ。部長の時に事業部長にだって社長に対してだって説得をして結局いかなかったのですからね。

富岡…それは、部の時ですか。

丸島…部です。部で分けろというのですからね。部で分けたらそんなに大勢いたわけではないのに、ますますこじんまりしますでしょ？　事業部間でだんだん技術もオーバーラップしだしてきたのに、そんなことをしたら無駄が多いから私は嫌だと……。全部まとまっていて、その代わり、貴方の事業のためにやってあげると。

一人何役もやって、結局、やり通したわけですよね。それが、各事業部にみんな入れるようなもとをつくったわけですよ。本社の研究所もそうですし、事業部の開発に対しても、特許だけは本社にいながらみんなどこでも入れたのですよ。

それをずっと継続しているものですから、よその部門が横で仕事ができないのに、なぜ特許だけが横串で仕事ができるのだと後に社長になった御手洗肇さんがびっくりされたわけです。それで「あなたは研究開発担当になりなさい」と言われた。

なぜ私が研究開発担当なのか、私は技術が分からないですよというと、そんなことは分かっているが、要するに、事業部に横串を刺してくれと。横串を刺すのだったら私がやってあげますよ、と言って研究開発担当になったわけなのです。あのころは、事業部も本社の研究所も、壁ができてしまっていたのです。そういう時に特許だけはなぜか全然壁がない。限りなく全社的に横串で仕事できたのは特許だけだったのですよ。

富岡…それはある意味、必然の結果ですよね。

丸島…そういうことですね。当たり前のことなのですよ。そういう状態を築かない限り、全社の仕事は把握できないし、知的財産上のですね、コーポレートの立場での把握ができないじゃないですか。当たり前のことなのですよ。だけど当たり前のことを地道にやってきたから継続できているので、自分から壁をつくるようなことをやっていたら絶対にうまくできるわけがない。研究所だって本社にいたわけですから、ずっとそういうスタンスでやっていけばできたのに、できてないということはお互いに壁をつくり出したわけですよ。

私も研究開発担当になって事業部との壁を取り除くことに努力したのですが、

研究所のなかでも研究の一番トップと部長とのコミュニケーションはすごくとれているのだけれども、部門間のコミュニケーションがそうでもないのです。そこで、事業化研究する自信のある成果を全部出しなさいといったのです。まな板に全部乗っけてあげるからと。とにかくみんなの前で評価をして、いいといったら予算をつけたのです。だから若い人がどんどん成果を出してきて。それでとりあげて予算をつけてあげたのが結構あるのですよ。そんなことも私はやってしまったわけです。ガラス張りですよ、はっきり言ってですね。そういうことをやって若い人のやる気を持たせるということは必要なのです。そうでないと陰湿になってくるのですよね。こうなってくるとまずダメです。うちのいいところというのは、そういう、ガラス張りだったというのもある。上も下も関係なく意見が言える。そういう環境が、当時はあったのです。それで、しかも外人部隊（中間採用）が大勢入ってきて、もっとそれが活性化されて。最初はタバコを吸ってはいけない、酒を飲んではいけない。大体そういうことをする人は落第生とされてですね、私は落第生だったのですよ。でも電子写真をやるころから中間採用の人が大勢入ってきましたでしょ。そういう人たちは酒・タバコ・マージャンをやる人が比較的多かった。もうやめろとは言えなくなってしまったのです。技術屋の世界で、全く別の世界ができてしまった。むしろそっちのほうの勢力が上になってきてしまった。それで、会社全体の文化が変わってきました。昔はくそまじめの技術部みたいだったのですが。でも、人数的には中間採用の人のほうが圧倒的に増えて。それで、こちらのカラーのほうが自由ですからね。そういう意味で会社全体がどちらかというと、中間採用の人たちに影響されたほうが大きかったですよ。よく、中間採用で入った人のなかからは役員になる人がいないなどという方がいらっしゃいますが、うちの場合は、役員構成で中間採用の人が多い時だってあったのですからね。一時はもう、事務機部門をやっているのは中間採用の人がほとんどでした。そういうところはうちの会社というのは良かったのですよ。だから実力主義だけで、全くあとは何にもないじゃないですか。「閥」もなしです。閥なしの実力主義！

富岡…まさに、中小企業が大きくなったようなものじゃないですか。

丸島…そうですよ。そのとおりです。だから、中間採用で入ってくる人が大体言うのは、知財にくる人の場合は、「ここに入ってくると知財は本当にやりがいがある」とみんな言っていました。技術系の人は、要するに閥がないから、あとは自分次第ですからやりがいがある。前の会社は閥があったから一生決まっている。というような人が結構きたのですよ。それで、そういう中間採用で入ってきた人たちが、組織が大きくなっても、まだ、生い立ちを知っているからスピリットを忘れてない。いま、大きくなったところに新入社員が入ってくると、この大きな組織が当たり前だと思っているのですよね。「そうじゃないのだ。特許がこれだけの組織をつくるには、それだけの仕事があって初めてできたのだぞ」ということを言ってくれているのは中間採用の人たちですよ。

富岡…かえって良さが分かるんでしょうね。

丸島…分かる。要するに、よその会社にいて、一生懸命やってきても知財というものが全然理解してもらえない。そういう人が入ってきて、これはやっぱりやりがいを感じたでしょうね。中間採用については、当時は私が部長面接をすればＯＫでしたからね。新入社員だとそうはいかないのですが……。でも入ってしまえば、中間採用も新入社員も全く差別はないのですよ。そういう雰囲気の中でやっていましたから、やる気がある人は本当に仕事がやりやすかったと思いますよ、私も含めてですね。その延長線上でずっときたのですよ。だから当たり前のことだと思っていました。ところが、よその会社のことをいろいろ聞いてみると、意外とそうでもない。いまだにその環境整備ができておらず、悩んでおられる会社は多いみたいですね。

さいごに

富岡…「やる気、やりがい」ここの部分が一番のポイントとしてあるのですね。

丸島…多少頭の良さに自信がなくても、そういうやりがいを持ったら大丈夫です。頭の程度の差なんてたいしたことではない。

富岡…いま、最後にすごくありがたいお言葉を……。

丸島…いや本当ですよ。いくら頭が良くても、やる気がなかったら効果は出せないですよ。

富岡…個人は個人で自分自身でやる気を持たなければならないし、組織は組織でそれを生かすように努力する。環境をつくっていく。それによって初めて、人材育成というものが可能になる。こういう理解でよろしいでしょうか。

丸島…そうです。まずは、自分が努力しなければいけません。しかし努力しても環境が整備されていないと結局は育たないですよね。

富岡…生かせる場面がないと。

丸島…それはやっぱり上司の責任で環境づくりをしてあげることが必要だと思いますね。両方がなくして人は育たないと思います。

富岡…そろそろ時間がきてしまいました。あっという間でした。

インタビュー全体を通じて、我々の知財実務の目標、指標になるようなお話をお聞かせいただけたと思います。

丸島…目標になるかどうかは別にして、40何年仕事をしてきましたから。知財がベースですが、何事も一生懸命やれば天職になるということです。ある意味で知財という枠を越えた話になってしまったのかもしれませんが……。ただ、こういう人間もいたのだというのは事実としてあるわけです。読者の皆さんも視野を広く、志を高くもって枠を飛び越え、頑張っていただければと思います。

富岡…本当にありがとうございました。

丸島…こちらこそありがとうございました。

あとがき

ご購読ありがとうございました。本書は富岡康充氏との対談形式で進めていただいたわけですが、振り返ってみると易しく説明した心算が、私の話し言葉が下手で読みにくい文章になっている感も否めません。読者にお許しを願って私の意図するところを汲み取っていただけたら幸いと存じます。

本書で述べた内容の一部は既に発行されている月刊誌「発明」（２００７年7～8月号）に紹介されておりますが、その時収録した全内容を基に作成されております。

知財立国を掲げて制度、運用の改革が進められてから5年余り経過いたしましたが、知識、意識は普及されたもののいまだ多くの中小企業のみならず大企業においても真の知財経営を営んでいる状況ではないように感じられます。変動の激しい経済環境の変化に基づく経営環境の厳しさがそうさせているものと思います。しかし、長期的視点で日本企業の国際競争力を高め持続する為には真の知財経営は不可欠のものだと思います。

知的財産を資産として直接活用し資金を得ることを推奨する人もいると思いますが、日本の知財立国はあくまでもものづくりに基づく知財経営を重視することが大切だと思います。

本書はものづくりの一企業で私が実践した知財の創造、保護、活用で事業を強くする知財活動を中心に知財からみた知財経営の考え方をご紹介したものです。独善的な考えかも知れませんが、些かでも知財経営のご参考になれば望外の喜びです。

収録時間の関係で全貌を詳細にお話しできなかったことが心残りですが、大事なポイントには触れることができたと思います。

今、経財産業省を中心に知的資産経営を推奨する働きが盛んに行われておりますが、知的資産は知的財産を包含する広い意味で知的な無形資産を経営資産として重視し有効活用する経営です。詳細は中小企業のための「知的資産経営マニュアル」（独立行政法人　中小企業基盤整備機構、平成19年3月発行）をご覧いただきたいと思いますが、知的資産経営において知的財産は不可欠な要素です。

知的資産経営において企業価値を高めるために知的資産報告書を出すことが推奨されております。そのためにもまず知的資産（知的財産）経営に取り組むことが必要です。

本書は知的財産を中心に知的資産（知的財産）経営の一端について私見を述べたものです。

知財経営では経営資産として諸種の資産が活用されますが、知財の立場で端的に言えば経営資産として常時の知的財産重視の経営です。

知財経営を営むには、まず知財制度と知財の本質を理解することが必要です。詳しくは専門家にご相談いただきたいと思いますが、以下に概略を説明いたします。

ご承知のことと思いますが、知財制度は各国独立しており、保護の対象を含め各国の知財制度と運用は異なります。

特許の例でいえば権利取得の際、日本を含め多くの国は先願主義を採っておりますが、米国は先発明主義です。活用の際の裁判制度と運用も各国異なり、特に米国では陪審制度を採っております。

特許権は取得した国にのみ効力がありますので、事業のグローバル展開に応じた国、活用し易く効果の大きい国での権利形成と活用が必要です。しかも知財制度と運用は各国の産業政策により制度、運用が変化しますので事業展開する時点でどう変化するのか先読みすることが重要になります。

知財の種類としては特許権、実用新案権、意匠権、商標権、営業秘密、著作権等がありますが、以下にものづくり企業で重要な知財の特徴を説明いたします。

◇特許権は発明を保護する権利で、その特徴は有限の権利ではあるが事業競争力に最も影響する財産権で、独占的排他権です。そして先願および後願の特許権の排他権の影響を受ける権利です。

排他権とは権利者以外の人が権利者の承諾なく特許製品（方法）をつくったり、売ったり、使用したりすること（特許発明の実施）を排斥する権利です。排他権の広さは特許請求の範囲で定まります。従って、特許権を取得した場合、他人の実施を排斥することはできるが、特許権者自身もその特許発明を実施できる保障はありません。他の特許権の排他権に影響されるかどうかに因るわけです。例えば改良特許は基本特許の広い排他権により基本特許権者の許諾を得なければ、自身の特許発明を実施することはできません。

一方、基本特許権者も改良特許の排他権の範囲については改良特許権者の許諾を得なくては改良特許の特許発明を実施することはできません。

また、特許権は新たな先行技術の発見により無効となる可能性を持つ不安定な権利で、権利行使に際しては解釈が分かれ、見解の相違に基づく議論が尽きません。

この特徴が事業化、権利活用で最も悩ましいもので、自身の特許発明を実施できるように、他社の実施を排斥するような知財形成、活用、交渉、契約、訴訟戦略等が最も重要になるわけです。

◇一方、著作権で保護されるコンピュータプログラム等のソフトウエアは、独自に創作したものであれば他の著作権の影響は受けませんし、安定した権利ですので事業化、権利活用が比較的容易です。著作権はまねをした著作物に対しての排他権です。

創作物の表現は著作権の保護の対象ですが、そのアイデア（技術思想）は特許の保護対象でもありますから特許権の取得と事業化に際しては他者の特許権の排他権に注意する必要があります。

◇商標権は使用する商標の商品区分ごとに取得する必要がありますので、特に社名を商標とする場合は将来の多角化、グローバル展開も考慮して適時の内外国での戦略的な権利取得と維持が必要となります。これは企業ブランドを高めるために最も重要なことです。ブランドは企業の信用を維持する最も重要な経営資産ですので、決して模倣を許してはなりません。

◇意匠権も商品の統一性のあるデザインをとおして企業ブランドを高めるために効果があります。また意匠権は模倣品退治の即効性もあります。

◇物品の形状、構造等の小発明を保護する実用新案も模倣品退治に有効な権利です。

◇営業秘密は有用な営業情報、技術情報（ノウハウ等）を意味しますが、これは付与された権利ではなく秘密を維持している限りにおいて重要な経営資産となるのです。

営業秘密に関する不法な行為に対しては不正競争防止法により保護されますが、その為には営業秘密の厳格な管理性が要求されます。

外からの進入に対する障壁のみならず内部からの流出を防止する管理体制が求められます。特に元従業員による流出の問題が懸念されます。

営業秘密の厳格な管理は、日本の企業における研究開発の有効な特徴である大部屋で、皆で情報を共有し、協力体制で目的を達成する効率の良い研究開発環境を崩す危険性もあります。

技術の公開を代償に特許権を取得するか営業秘密として事業の競争力を得るかの判断は知財経営において重要な問題ですが、具体的な技術に即し、訴訟手続きで開示を求められること、一時の優位性か、リバースエンジニアリングで分かってしまうものかも含め慎重に検討することが重要です。

営業秘密として管理している技術について第三者が正当に特許権を取得した場合はその特許権の排他権に影響を受け実施を阻害されます。

この場合、先使用権を主張して実施の継続を維持することも可能ですが、先使用権の立証が必要ですし、先使用権は発明を保護するのではなく、実施若しくは実施の準備をしている事業の範囲で、実施若しくは実施の準備をしている形態（の発明）に限られますし、しかも国内での先使用権は外国には適用されないことを十分考慮する必要があります。


以上ご説明しました知財の本質を理解したうえで、単独で研究開発の成果を事業化する場合のみならず他社との共同で研究開発、事業化を図る場合も、自社事業の持続的な優位性を確保する知財活動が重要になります。

この知財活動は有効な権利の形成、活用活動と他社との契約（秘密保持契約、共同研究・開発契約、委託研究・開発契約、実施許諾契約、共同事業契約、取引契約等）力や交渉力が重要になります。

経営者自身がこのような知財活動を実行することが理想ですが、必要に応じ社内外の優秀な知財参謀を確保することも重要です。

知財経営は事業（商品の先読み）、研究開発（技術の先読み）、知財（知財の先読み）の三位一体の活動（常時の連携、融合活動）が必要です。

事業戦略は情報を共有し三位一体で構築し、三者の役割はそれぞれの立場から事業の持続的優位性確保に向けることです。

◇事業部門は技術力、知財力を基に勝つための事業戦略の構築と、勝つために必要な要素、要件を明確にすること。
◇研究開発部門は、研究も開発も事業を前提に事業を強くするために、事業強化の基盤技術（知的財産）の創造、事業創出の技術（知的財産）の創造、事業強化の技術（知的財産）の創造をすることです。
◇知財部門は、事業戦略を知財の面から実行せしめる活動が主体で、勝つための知財の要件を満たす活動です。その為の知財力（知的財産に基づく事業競争力）の強化の権利形成活動、相対的知財力（競業者との知財力の差）の強化の権利形成活動と自社の弱みを消し、強みを増す権利活用活動を長期的視点で戦略的、予防法的に、必要に応じ臨戦的に、実行することです。
事業部門が複数存在する企業では各事業部戦略の機能と、特に全社戦略を重視した機能を持つことが重要です。

知財経営でこれらの活動を積極的に実行するためには全社的な知財マインドの形成、知財センスの高揚とやる気を起こさせ、戦略的な活動ができる環境づくりが重要です。さらに戦略的な活動に対するインセンティブと長期的にみた評価システムも重要になります。

以上、本文と重複するところもありますが知財経営について知財面からみた私の考えの要点をまとめてみました。

最後になりましたが、本書は社団法人発明協会月刊誌「発明」編集長の原澤幸伸氏の企画とご援助により出版されたものです。私の考えに賛同され、対談をリードしていただいた有限会社オフィス富岡代表取締役社長富岡康充氏、企業、特に中小企業の発展を切望し、知財経営を期待するお気持ちから本書の出版の機会とご援助をいただいた原澤幸伸氏に心から感謝の意を表します。

平成二〇年三月

丸島儀一

丸島 儀一（まるしま ぎいち）
キヤノン株式会社 顧問／弁理士

【プロフィール】

1934年生まれ。1960年にキヤノンカメラ株式会社（現・キヤノン株式会社）入社。知的財産、製品法務、役員時代には研究開発、新規事業育成本部長も担当。常務取締役、専務取締役、特別常任顧問を経て、2000年から顧問に就任。

1962年当時、普通紙複写機の「キヤノン対ゼロックス紛争」における丸島氏の活躍はNHKの「プロジェクトX」でも取り上げられた。

日本特許協会 理事長、（社）日本経済団体連合会産業技術委員会知的財産問題部 会長、日本弁理士会 副会長、早稲田大学 客員教授など、各種団体の知財関連の要職や委員を歴任。

1993年、工業所有権制度関係功労者表彰において通産大臣（現・経済産業大臣）表彰受賞、2003年、黄綬褒章受章。

現在、産業構造審議会 委員、知的財産保護協会 副会長、（財）知的財産研究所 理事、（社）日本仲裁人協会 理事、日本弁理士会知的財産価値評価推進センター 所長、日本知的財産仲裁センター 運営委員、中小企業知的資産経営研究会 委員、金沢工業大学 教授、東京理科大学専門職大学院総合科学技術経営専攻 客員教授、日本工業大学専門職大学院 客員教授、早稲田大学商学研究科 非常勤講師、日本弁理士会知財ビジネスアカデミー講師等を務める。

富岡 康充（とみおか やすみつ）
有限会社オフィス富岡 代表取締役社長
東海大学医学部医学科准教授、医学博士

【プロフィール】

1951年生まれ。大手特許事務所などで特許技術者として国内・外国出願を担当。1994年に独立し、オフィス富岡を立ち上げた。以来、特許コンサルティング業一筋で今日に至る。社団法人発明協会東京支部 評議員、財団法人日本知的資産活用センター 客員研究員・評議員、東海大学医学部専門診療学系救命救急医学中島研究室 研究員、ITU-Dセクターメンバー。全国各地で知財実務者向けセミナーの講師も務め、好評を博している。

知財、この人にきく Vol.1 丸島 儀一

2008年（平成20年）3月17日　初版発行
2011年（平成23年）6月14日　初版第2刷発行

著　　者　丸島 儀一（キヤノン株式会社 顧問／弁理士）
聞 き 手　富岡 康充（有限会社オフィス富岡 代表取締役社長）
原稿作成　筧　　圭（有限会社オフィス富岡 取締役法務担当）

発　　行　社団法人発明協会
発 行 所　社団法人発明協会
　　　　　所在地　〒105-0001 東京都港区虎ノ門2-9-14
　　　　　電　話　03-3502-5433（編集）03-3502-5491（販売）
　　　　　F A X　03-5512-7567（販売）
乱丁・落丁本はお取り替えいたします。
ISBN978-4-8271-0892-7
印　　刷　株式会社丸井工文社 Printed in Japan